Tarification des émissions de gaz à effet de serre

PASSER DES OBJECTIFS CLIMATIQUES À L'ACTION EN FAVEUR DU CLIMAT

OCDE

DES POLITIQUES MEILLEURES
POUR UNE VIE MEILLEURE

Merci de citer cet ouvrage comme suit :
OCDE (2022), *Tarification des émissions de gaz à effet de serre : Passer des objectifs climatiques à l'action en faveur du climat*, Éditions OCDE, Paris, https://doi.org/10.1787/16ae322c-fr.

ISBN 978-92-64-41714-4 (imprimé)
ISBN 978-92-64-85388-1 (pdf)
ISBN 978-92-64-50296-3 (HTML)
ISBN 978-92-64-33773-2 (epub)

Crédits photo : Couverture © Bene_A/Shutterstock.com.

Les corrigenda des publications sont disponibles sur : www.oecd.org/fr/apropos/editionsocde/corrigendadepublicationsdelocde.htm.

Avant-propos

Pour contenir les risques liés au changement climatique, il est nécessaire d'accélérer la transition vers la neutralité en gaz à effet de serre (GES). Les pays peuvent appliquer ou réformer un large éventail d'instruments, y compris tarifaires, pour réduire les émissions de GES. Le présent rapport examine comment les taxes carbone, les prix des permis d'émission échangeables et les taxes et subventions énergétiques, qui représentent collectivement un important sous-ensemble d'instruments tarifaires, ont évolué entre 2018 et 2021.

Ce rapport est le premier publié dans la nouvelle série de l'OCDE sur la tarification du carbone et la fiscalité des énergies, qui combine la base de données et la série de publications sur l'imposition de la consommation d'énergie et les prix effectifs du carbone. Il présente les principaux enseignements qui se dégagent de la base de données quant à l'évolution du recours des gouvernements à la tarification du carbone et à la fiscalité énergétique. Il entre dans le détail du sujet, mais n'offre malgré tout pas toute la granularité de la base de données, à laquelle le lecteur pourra accéder sur OECD.STAT.

Le présent rapport contribuera à éclairer les travaux du Forum inclusif sur les approches d'atténuation des émissions de carbone, grâce auquel l'OCDE entend dresser un état des lieux et estimer l'efficacité des diverses lignes d'action suivies par les pays pour lutter contre le changement climatique, dans le but de renforcer le dialogue et de permettre ainsi la montée en puissance d'une action collective capable d'assurer la neutralité GES d'ici au milieu du siècle.

Ce rapport est publié au moment où les marchés de l'énergie traversent des turbulences. La flambée des prix de l'énergie qui a débuté en 2021 a compliqué davantage encore la tâche des responsables publics désireux de recourir à la tarification du carbone pour réduire les émissions de GES. Dans plusieurs pays, les pouvoirs publics ont d'ailleurs allégé la fiscalité énergétique afin d'apporter une réponse rapide à la crise. Bien qu'il se concentre sur les tendances de fond entre 2018 et 2021, le présent rapport donne des indications sur les effets qu'ont l'abaissement des taxes et les subventions aux énergies fossiles sur les prix effectifs du carbone. S'il est clairement nécessaire d'agir pour que l'énergie reste abordable, la forme de cette action pourrait changer avec le temps et passer par un soutien ciblé des revenus plutôt que par une diminution généralisée de la fiscalité. Cela limiterait le risque de voir les mesures prises face à la crise énergétique actuelle ralentir la transition vers la neutralité GES, et permettrait ainsi en plus de mieux protéger les consommateurs d'énergie contre les chocs futurs sur les prix des énergies fossiles.

Ce rapport a été produit par la Division des politiques fiscales et des statistiques du Centre de politique et d'administration fiscales de l'OCDE. Certaines mesures de soutien aux énergies fossiles répertoriées dans l'Inventaire des mesures de soutien pour les combustibles fossiles de l'OCDE ont pu être intégrées dans la base de données sur l'imposition de la consommation d'énergie et les prix effectifs du carbone grâce à la collaboration avec la Division des performances et de l'information environnementales de la Direction de l'environnement de l'OCDE, et avec la Division Analyse, données et modélisation de la Direction des échanges et de l'agriculture de l'OCDE.

Remerciements

Le projet a été piloté par Jonas Teusch sous la direction de Kurt Van Dender et sous la responsabilité générale de David Bradbury. Le rapport et les notes par pays en ligne qui l'accompagnent ont été rédigés par Jonas Teusch, Konstantinos Theodoropoulos et Astrid Tricaud. La refonte de l'architecture de la base de données sur l'imposition de la consommation d'énergie et les prix effectifs du carbone a été dirigée par Konstantinos Theodoropoulos, qui a également préparé les données et les notes de référence techniques avec Kim Lan Mellon et Astrid Tricaud. Anasuya Raj a apporté des contributions au sujet des systèmes d'échange de quotas d'émission. Les encadrés sont dus à Luisa Dressler, Grégoire Garsous, Guillaume Gruère et Anasuya Raj. Marie-Aurélie Elkurd, Karena Garnier, Hazel Healy, Natalie Lagorce, Michael Sharratt et Carrie Tyler ont amélioré la présentation et la diffusion des travaux.

Les auteurs souhaitent remercier leurs collègues de l'OCDE David Bradbury, Luisa Dressler, Jane Ellis, Ben Henderson, Mark Mateo, Justine Garrett, Grégoire Garsous, Anasuya Raj, Hugo Vallin et Kurt Van Dender pour les commentaires et les conseils fournis à différentes étapes de la production du rapport.

Le présent rapport a été examiné par la Session conjointe des experts sur la fiscalité et l'environnement de l'OCDE, qui a donné son aval à sa déclassification, et il a été approuvé par le Comité des affaires fiscales et le Comité des politiques d'environnement. Le Secrétariat de l'OCDE souhaite remercier les délégués auprès de la Session conjointe et leurs collègues au sein des administrations nationales pour l'aide qu'ils lui ont fournie en communiquant des données et des commentaires sur les données et le rapport, ainsi que pour le soutien apporté au domaine de travail.

Table des matières

GRAPHIQUES

TABLEAUX

Suivez les publications de l'OCDE sur :

https://twitter.com/OECD

https://www.facebook.com/theOECD

https://www.linkedin.com/company/organisation-eco-cooperation-development-organisation-cooperation-developpement-eco/

https://www.youtube.com/user/OECDiLibrary

https://www.oecd.org/newsletters/

Ce livre contient des...

StatLinks

Accédez aux fichiers Excel® à partir des livres imprimés !

Vous trouverez un StatLink sous chaque tableau ou graphique de cet ouvrage. Pour télécharger le fichier Excel® correspondant, il vous suffit de copier le lien dans votre navigateur internet ou de cliquer dessus depuis la version électronique de l'ouvrage.

Résumé

Pour contenir les risques liés au changement climatique, il est urgent d'accélérer la transition vers la neutralité en gaz à effet de serre (GES). Cette transition contribuera aussi à réduire la dépendance à l'égard des énergies fossiles et donc, potentiellement, l'exposition aux chocs futurs sur les prix de l'énergie. Pour la mener à bien, il est nécessaire de faire appel à des ensembles de mesures qui assurent aux ménages et aux entreprises un accès abordable à des solutions peu ou pas du tout émettrices de carbone.

Le rapport *Tarification des émissions de gaz à effet de serre : passer des objectifs climatiques à l'action en faveur du climat* montre comment les prix explicites du carbone, les taxes énergétiques et les subventions qui abaissent les prix hors taxes de l'énergie ont évolué entre 2018 et 2021. Ces instruments jouent un rôle important parmi les leviers d'action qui permettent d'accélérer la transition vers la neutralité GES. Tous ont pour effet de modifier directement le prix à payer pour émettre des GES ou de modifier les prix de l'électricité. Leur réforme peut contribuer grandement à la réalisation des objectifs climatiques tout en réduisant la pollution de l'air et de l'eau et en améliorant la situation des finances publiques.

Le présent rapport porte sur 71 pays responsables collectivement de quelque 80 % des émissions mondiales de GES et de la consommation d'énergie. Les prix explicites du carbone et les taxes et subventions énergétiques sont détaillés par pays, secteur, produit et instrument. L'utilisation d'une méthodologie commune garantit la comparabilité entre pays. De même, des indicateurs synthétiques facilitent l'établissement de comparaisons et aident les décideurs publics à suivre les progrès accomplis et à repérer les possibilités de réforme.

La base de données *Taxer la consommation d'énergie et Taux effectifs sur le carbone*, qui sous-tend la nouvelle Série de publications de l'OCDE sur la tarification du carbone et la fiscalité des énergies, est conçue pour permettre de suivre l'évolution au long cours de la fiscalité énergétique et de la tarification du carbone. Les taux d'imposition pris en compte dans l'état des lieux de 2021 sont ceux en vigueur au 1er avril 2021. Depuis lors, plusieurs pays ont pris des mesures pour protéger les consommateurs et les entreprises de l'impact de la flambée des prix hors taxes de l'énergie, notamment en abaissant sensiblement les taxes énergétiques. Si le présent rapport n'a pas vocation à entrer dans le détail de ces mesures, il en montre l'ampleur et examine les lignes d'action envisageables.

Principales constatations

Dans le cadre de leurs efforts de réduction des émissions de gaz à effet de serre, les pays recourent davantage à la tarification du carbone par le biais de taxes ou de systèmes d'échange de quotas d'émission, mécanismes qui ont été appliqués dans un nombre croissant de pays et de secteurs en 2021.

En 2021, plus de 40 % des émissions de GES ont été soumises à un prix du carbone, contre 32 % en 2018. Parallèlement, le prix moyen du carbone découlant des systèmes d'échange de quotas d'émission et des taxes carbone a plus que doublé pour s'établir à 4 EUR par tonne d'équivalent CO_2. Ce rapport montre que les pays adaptent leurs stratégies de réduction des émissions à leur situation particulière, certains faisant davantage appel à la tarification du carbone que d'autres. Même si cette tarification n'est pas au centre de la politique climatique dans tous les pays, il apparaît que les prix du carbone ont augmenté dans 47 des 71 pays examinés dans ce rapport.

Les écarts croissants en ce qui concerne le degré auquel les pays recourent à la tarification du carbone font ressortir l'importance que revêtent de meilleures données et analyses pour pouvoir brosser un tableau plus complet des stratégies nationales d'atténuation du changement climatique, au-delà de la tarification du carbone. Le Forum inclusif sur les approches d'atténuation des émissions de carbone de l'OCDE a pour ambition de contribuer à produire les données factuelles et les analyses nécessaires.

Le présent rapport fait également les constats suivants :

- Dans les 71 pays examinés, des prix nets positifs du carbone s'appliquent à plus de 40 % des émissions de GES, contre 32 % en 2018. Cette progression résulte de l'instauration ou de l'élargissement de mécanismes de tarification explicite du carbone dans plusieurs pays, dont l'Allemagne, le Canada et la Chine.
- Le prix du carbone a connu des évolutions divergentes selon les pays en 2021, et il a continué d'augmenter dans les pays qui affichaient déjà les prix nets les plus élevés en 2018. Dans ces pays, son renchérissement est surtout le fait de la hausse des prix explicites du carbone (c'est-à-dire des taxes carbone et du prix des quotas dans les systèmes d'échange de quotas d'émission). À l'inverse, dans les pays où le prix net du carbone était relativement faible en 2018, il a moins souvent augmenté.
    - Les prix des quotas d'émission ont progressé dans les pays soumis au système d'échange de quotas d'émission de l'Union européenne (SEQE-UE), mais aussi au Canada, en Nouvelle-Zélande et au Royaume-Uni. En 2021, l'Allemagne a ajouté au SEQE-UE un SEQE national qui cible les combustibles de chauffage et les carburants de transport.
    - La divergence des prix du carbone s'explique aussi par l'évolution des taxes carbone : certains pays ont instauré de telles taxes (le Luxembourg en 2021 et l'Islande en 2020 pour les gaz fluorés), d'autres ont relevé leur taux (la Finlande, l'Irlande, l'Islande et la Norvège, par exemple) et d'autres encore ont entrepris de supprimer progressivement les exonérations (dont le Portugal et la Suède)
    - Au Canada, l'augmentation des prix explicites du carbone découle du durcissement des normes nationales minimales de tarification du modèle fédéral, rendu exécutoire par l'entrée en vigueur du système de filet de sécurité fédéral concernant la pollution par le carbone.
- Les prix nets du carbone restent souvent faibles en dehors des secteurs des transports et des bâtiments, mais on constate une forte hétérogénéité entre les pays. L'industrie et le secteur de l'électricité ne font pas exception de ce point de vue.
    - Là où les émissions de l'industrie et du secteur de l'électricité font l'objet d'une tarification, c'est généralement au travers d'un système d'échange de quotas d'émission ou d'une taxe carbone. Si de nombreuses émissions échappent encore à toute tarification, les prix du carbone payés par certains émetteurs atteignent désormais un niveau non négligeable, en particulier en Europe.
    - Les prix nets du carbone les plus élevés résultent généralement de taxes relativement fortes sur les carburants routiers.
    - Les prix du carbone négatifs pour cause de subventions aux énergies fossiles se rencontrent le plus souvent dans le secteur de l'agriculture et de la pêche, et à un degré moindre dans ceux du transport routier et des bâtiments.
- Le relèvement des prix effectifs du carbone pourrait à la fois procurer des recettes non négligeables et faire baisser les émissions. Les recettes tirées de la tarification du carbone peuvent avoir leur importance dans la transition vers la neutralité GES, vu que celle-ci induira des coûts d'ajustement considérables.

- D'après les estimations présentées dans ce rapport, les pays pourraient être en mesure de lever l'équivalent d'environ 2.2 % du PIB en moyenne en portant les prix du carbone à 120 EUR par tonne de CO_2, taux qui correspond à l'estimation moyenne du prix du carbone qu'il serait nécessaire d'atteindre en 2030.
- Le montant des recettes susceptibles de découler d'une hausse des prix effectifs du carbone au niveau de référence de 120 EUR par tonne varie sensiblement d'un pays à l'autre. Dans certains d'entre eux (Costa Rica, Danemark, Ouganda et Suisse), les recettes ainsi levées représenteraient moins de 0.3 % du PIB, alors que dans d'autres (Afrique du Sud, Inde et Kirghizistan, par exemple), elles pourraient être supérieures à 5 % du PIB.

Principaux éclairages pour l'action des pouvoirs publics

À partir de ces constats, le présent rapport propose des éclairages pour aider les décideurs publics à relever le défi de la transition vers la neutralité GES.

Pour surmonter les obstacles à une transition vers la neutralité GES adaptée à leur situation, les pays doivent faire appel à un large éventail de leviers d'action. Le fait de relever progressivement les prix du carbone tout en supprimant peu à peu les subventions aux énergies fossiles peut aider les pays à mettre en œuvre une politique climatique plus ambitieuse, efficace et efficiente. Cette ligne d'action sera particulièrement efficace lorsqu'elle s'accompagnera de mesures qui soutiennent l'offre de technologies et d'infrastructures peu ou pas émettrices de carbone.

Le présent rapport montre que les pays progressent, mais qu'il reste beaucoup de chemin à parcourir pour exploiter pleinement le potentiel de la tarification du carbone.

- Près de 60 % des émissions de GES font l'objet d'une tarification du carbone nulle ou négative une fois déduites les subventions aux énergies fossiles.
- Lorsque le prix du carbone est positif, il est rarement assez élevé pour être le moteur d'une véritable transition vers la neutralité GES.
- Les mesures prises en réaction à la récente flambée des prix de l'énergie se sont soldées par une baisse sensible des prix nets du carbone.

Le récent choc sur les prix de l'énergie a conduit les gouvernements à abaisser fortement de nombreuses taxes énergétiques, qui ont ainsi bien souvent diminué de 50 EUR par tonne de CO_2, voire plus. À long terme, la poursuite de la transition vers la neutralité GES contribuera à réduire la dépendance à l'égard des énergies fossiles et donc, potentiellement, l'exposition aux chocs futurs sur les prix de l'énergie. À court et moyen termes, il est tout à fait souhaitable de protéger les plus vulnérables de l'impact du renchérissement de l'énergie, condition nécessaire pour susciter l'adhésion à la transition bas carbone.

Il est compréhensible que la réaction immédiate des gouvernements ait consisté à agir sur les prix, mais si de nouvelles mesures s'imposent, il serait possible de mieux les cibler en recourant au soutien des revenus et en s'employant à rendre les solutions bas carbone plus largement disponibles.

Conclusion

La tarification du carbone progresse. Néanmoins, les stratégies de lutte contre le changement climatique appliquées par les pouvoirs publics et la rigueur de leur action en la matière varient toujours selon les juridictions. Les disparités en termes de recours à la tarification du carbone se sont creusées entre 2018 et 2021. Elles peuvent aviver les préoccupations pour la compétitivité et la crainte de transferts d'émissions dans les secteurs fortement émetteurs de carbone et exposés aux échanges internationaux.

Indépendamment du degré auquel ils recourent aujourd'hui à la tarification du carbone, les pays devront sans doute actionner toute une série de leviers d'action qui se renforcent mutuellement pour parvenir à la neutralité GES au milieu du siècle. Le dosage de ces leviers variera d'un pays à l'autre, en fonction de la situation particulière de chacun.

Dans tous les pays, il est nécessaire de donner confiance dans le fait que la transition vers la neutralité GES peut être réalisée sans sacrifier la cohésion sociale. Cet enjeu prend un relief particulier dans un contexte où les prix de l'énergie s'envolent sous l'effet de chocs externes. L'expérience récente montre qu'il est indispensable de protéger les plus vulnérables de cette flambée des prix pour que la politique climatique recueille durablement l'adhésion.

Face à un choc qui affecte les prix de l'énergie, les mesures qui visent à modérer ceux-ci, par exemple en allégeant la fiscalité, peuvent être indiquées pour atténuer les difficultés dans l'immédiat. En revanche, si les prix restent aussi élevés, c'est en évoluant vers des mesures ciblées de soutien des revenus que les pouvoirs publics préserveront les signaux de prix et renforceront l'incitation à réduire la consommation d'énergies fossiles.

1 Inventaire et cartographie méthodiques des mesures d'atténuation

L'objet du présent chapitre est de poser le contexte dans lequel les pouvoirs publics agissent face au changement climatique et de passer en revue les moyens d'action qu'ils peuvent déployer ou réformer pour accélérer la transition vers la neutralité en gaz à effet de serre (GES). Y sont ensuite décrits les principes méthodologiques de la base de données qui sert à l'établissement des rapports *Taux effectifs sur le carbone* et *Taxer la consommation d'énergie* en rendant compte des systèmes d'échange de quotas d'émission, des taxes carbone, des droits d'accise sur les combustibles et carburants, des subventions aux énergies fossiles, des droits d'accise sur l'électricité et des subventions à l'électricité en place dans 71 pays, parmi lesquels figurent la totalité des pays membres de l'OCDE. Cette base de données contient plusieurs indicateurs composites, dont le taux effectif sur le carbone (TEC), somme des prix des permis d'émission négociables, des montants des taxes carbone et des droits d'accise sur les combustibles et carburants, et le TEC net, qui correspond au TEC diminué du montant des subventions aux énergies fossiles minorant le prix des énergies fossiles hors taxes. On trouvera également dans ce chapitre une description succincte du cadre d'analyse des taux effectifs d'imposition qui sous-tend l'inventaire méthodique ainsi qu'une présentation de la méthode employée pour rattacher les taux effectifs d'imposition aux émissions de GES et à la consommation d'énergie.

Le défi climatique

Il est urgent d'accélérer la transition vers la neutralité en gaz à effet de serre (GES) pour contenir les risques liés au changement climatique. Dans sa contribution au sixième Rapport d'évaluation du Groupe d'experts intergouvernemental sur l'évolution du climat (GIEC), parue en août 2021, le Groupe de travail I indique clairement « [qu']à moins de réductions immédiates, rapides et massives des émissions de GES, la limitation du réchauffement aux alentours de 1,5 °C, ou même à 2 °C, sera hors de portée » (GIEC, 2021[1]). Dans la sienne, publiée en février 2022, le Groupe de travail II fait remarquer que « la nature et les populations pâtissent [d'ores et déjà] des effets néfastes généralisés du changement climatique anthropique, notamment de la multiplication et de l'intensification des phénomènes extrêmes, ainsi que des pertes et préjudices qui y sont liés » (GIEC, 2022[2]). Pour sa part, en avril 2022, le Groupe de travail III conclut à l'existence, « dans tous les secteurs, de solutions envisageables pour au moins réduire de moitié les émissions d'ici à 2030 » (GIEC, 2022[3]).

Malgré une prise de conscience accrue, les ambitions ne sont toujours pas à la hauteur de l'urgence de la lutte contre le changement climatique. Même concrétisés dans leur intégralité, les engagements pris ne suffiraient pas pour atteindre les objectifs définis dans l'Accord de Paris. Au 1er mars 2022, les cibles de neutralité GES de toutes natures annoncées par 136 pays représentant 85 % de la population planétaire et 90 % du PIB mondial (en parités de pouvoir d'achat) couvraient 88 % des émissions planétaires de GES (Net Zero Tracker, 2021[4]). Pourtant, comme on le voit sur le Graphique 1.1, l'écart reste grand entre le niveau d'ambition affiché par les pays et celui où ils arriveront en honorant pleinement leurs engagements. À cela s'ajoute qu'il ne faut pas tenir pour acquise leur concrétisation et que le flou demeure autour de nombreux aspects des cibles de neutralité (Jeudy-Hugo, Lo Re et Falduto, 2021[5]).

Graphique 1.1. Le défi climatique

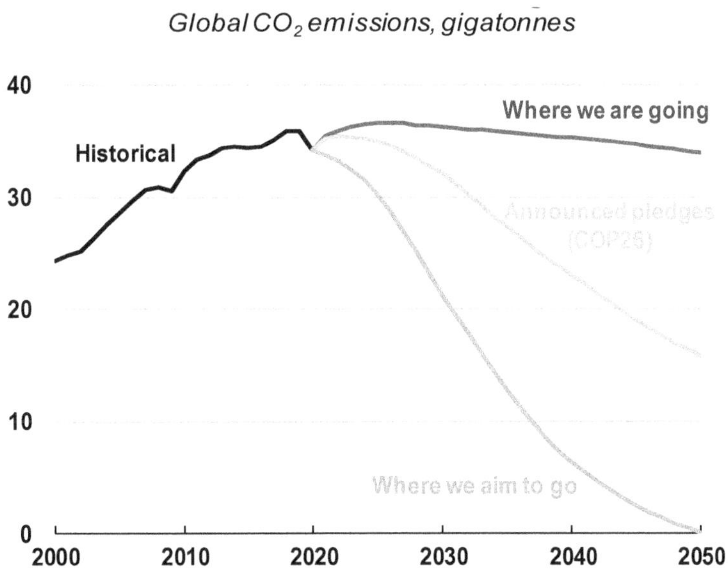

Source : adapté de (AIE, 2021[6]).

Pour éviter un déficit de mise en œuvre, les pays doivent à présent traduire leurs engagements climatiques de long terme en un ensemble de mesures concrètes qui auront des effets à court et moyen termes sur le climat et l'économie. Dans un récent rapport de synthèse des contributions déterminées au niveau national (CDN) soumises par les Parties à l'Accord de Paris, la Convention-cadre des Nations Unies sur les changements climatiques (CCNUCC) a conclu à la « nécessité urgente d'accroître sensiblement le niveau d'ambition des CDN d'ici à 2030, de dépasser largement les dernières CDN ou de combiner les deux » (CCNUCC, 2021[7]). Cette conclusion repose sur l'analyse récente de scénarios ascendants (Meinshausen et al., 2022[8]). De même, un grand nombre de pays se sont engagés à œuvrer en faveur d'une « reprise verte » au lendemain de la crise du COVID-19, qui offre « aux ministres des Finances du monde entier une occasion exceptionnelle d'agir vite pour que les investissements servent une croissance pérenne » (Coalition des ministres des finances pour l'action climatique, 2020[9]). Il ressort toutefois d'une analyse de l'OCDE que « de manière générale, les plans de relance actuels ne généreront pas les investissements requis pour impulser une véritable transformation » (OCDE, 2021[10]).

La boîte à outils de la neutralité GES

Les pays disposent d'un large éventail d'instruments pour réduire leurs émissions de GES. Le Tableau 1.1 en donne une vue schématique. On y trouve des instruments de politique climatique qui visent explicitement à réduire les émissions, ainsi que des instruments dont la motivation première ne concerne pas le climat mais qui n'en sont pas moins précieux pour faire face au changement climatique. Dans les deux cas, il peut s'agir d'instruments fondés sur les prix, qui consistent donc à modifier directement le prix des activités ou actifs visés et laissent le marché réagir aux signaux ainsi envoyés. À l'inverse, les instruments non fondés sur les prix (par exemple, normes d'émission applicables aux véhicules, réglementation énergétique) dictent les exigences réglementaires auxquelles les producteurs et consommateurs doivent se conformer dans leurs activités et investissements. Ils donnent aux intervenants du marché moins de souplesse pour réduire leurs émissions.

Tableau 1.1. Nomenclature indicative de quelques politiques d'atténuation

	Instruments fondés sur les prix		Instruments non fondés sur les prix
	Prix explicites du carbone	Autres	
Instruments de politique climatique (dont le but premier est de réduire les émission de GES)	Systèmes d'échange de quotas d'émission (1) Taxes carbone (2)	Taxes automobiles assises sur les émissions Tarifs d'achat Systèmes de bonus-malus écologiques Normes relatives aux émissions de GES négociables Incitations fiscales à l'intention des entreprises	Normes relatives à l'intensité d'émission de GES Obligations ou interdictions technologiques
Autres instruments (qui relèvent d'une autre politique mais présentent un grand intérêt pour l'action climatique)		Droits d'accise sur les combustibles et carburants (3) Subventions aux énergies fossiles (4) Droits d'accise sur l'électricité (5) Subventions à l'électricité (6) Certaines subventions en faveur de l'industrie, de l'agriculture et des ménages	Normes de pollution atmosphérique Réglementation des engrais Normes de consommation de carburant

Note : tous les instruments suivis d'un nombre entre parenthèses sont étudiés dans le présent rapport, et leur définition et champ d'application exposés ci-dessous. TEC=1+2+3, TEC net=TEC-4, TEE=1+2+3+5, TEE net=TEE-(4+6). Les incitations fiscales à l'intention des entreprises influent sur le niveau des émissions selon qu'elles procèdent ou non de considérations d'ordre climatique (voir Encadré 1.1). D'autres instruments que ceux indiqués ici, par exemple les mesures en faveur de la biodiversité (OCDE, 2020[11]) et les solutions naturelles (OCDE, 2021[12]), peuvent aussi participer aux efforts de réduction.

Parmi les instruments de politique climatique fondés sur les prix figurent, sans s'y limiter, les prix explicites du carbone, qui désignent, soit les taxes carbone introduites par les pays nordiques au début des années 90, soit les permis (ou quotas) négociables d'émissions de gaz à effet de serre, dont le tout premier système d'échange, mis en place par l'Union européenne, fonctionne depuis 2005 (voir chapitre 2). Les taxes carbone et les systèmes d'échange de quotas d'émission attribuent directement un prix aux émissions de GES dans la mesure où ils s'appliquent à une base proportionnelle au volume des émissions.

En règle générale, les autres instruments, qu'ils soient ou non fondés sur les prix, n'induisent pas la même réaction de la demande et de l'offre d'énergie. En effet, ils n'ont habituellement qu'un lien indirect avec les émissions de GES[1]. Il arrive qu'ils soient plus populaires auprès du public et qu'ils complètent les dispositifs de tarification explicite du carbone en traitant d'autres obstacles à la transition vers la neutralité GES que l'absence de prix des émissions. Les taxes automobiles assises sur les émissions, par exemple, favorisent le recours aux véhicules qui affichent une meilleure empreinte carbone, sans pour autant fixer de prix aux émissions de GES produites en conséquence. Influant fortement sur le choix de véhicule, elles peuvent concourir à l'électrification des parcs. Les tarifs d'achat incitent à produire de l'électricité à partir de sources d'énergie renouvelables, telles que l'éolienne et la solaire, ce qui va probablement accélérer la décarbonation du secteur. En revanche, ils n'ont pas d'effet dissuasif direct sur la production d'électricité d'origine fossile. Pareillement, les incitations mises en place à travers l'impôt sur les sociétés ne fixent pas de prix aux émissions de GES, certes, mais, comme elles permettent à des activités ciblées de bénéficier d'un traitement fiscal plus favorable que celui normalement appliqué à l'échelle nationale, elles peuvent encourager les entreprises à investir dans des procédés de production neutres en carbone et à consommer des produits bas carbone ou neutres en carbone (Encadré 1.1).

Encadré 1.1. Incitations fiscales prévues par l'impôt sur les sociétés et transition vers la neutralité GES

De par son incidence sur le coût de l'investissement, l'impôt sur les sociétés (IS) peut influencer l'adoption des nouvelles technologies, le choix des facteurs de production et, de façon notable, l'empreinte carbone des entreprises. En particulier, l'IS pèse dans les décisions prises par les entreprises lorsque celles-ci se demandent si et quand investir, quelles technologies ou quels procédés utiliser et combien investir (Hall et Jorgenson, 1967[13] ; 1969[14] ; Devereux et Griffith, 2003[15]). Bien que la dimension fiscale ne soit qu'un des multiples déterminants des décisions d'investissement, les entreprises tiennent compte de son coût dans l'évaluation des nouveaux projets, y compris lorsqu'il s'agit d'investir dans des technologies industrielles propres ou la production d'électricité propre. Les systèmes classiques d'IS et les incitations fiscales ciblées pourraient donc avoir un effet bénéfique notable sur la transitions vers la neutralité GES et l'investissement dans les actifs connexes de production propre.

En principe, les incitations fiscales favorisent l'investissement et engendrent des effets vertueux, mais au prix d'un manque à gagner pour les finances publiques et au risque de compromettre la neutralité du système fiscal.

Les incitations aux investissements propres mises en place à travers l'IS revêtent des formes diverses et s'accompagnent de stratégies ciblées

Les instruments, principes et stratégies retenus pour promouvoir les investissements propres moyennant l'IS varient selon les pays. Ainsi, certaines incitations fiscales amoindrissent la composante fiscale du coût d'acquisition de certains actifs propres ; d'autres favorisent les activités qui réduisent les émissions de carbone par unité produite par rapport à une valeur de référence ; et d'autres encore touchent des secteurs entiers, tels que celui de la production d'électricité d'origine renouvelable. De par la diversité et la complexité de leurs caractéristiques et stratégies connexes, il est difficile d'évaluer les coûts et avantages de leur utilisation dans le cadre de la boîte à outils de la neutralité GES.

Il semble avéré que les dispositifs mis en place dans les pays de l'OCDE pour encourager les investissements propres via l'IS reposent généralement sur les dépenses. Il s'agit notamment de crédits d'impôt ou de déductions fiscales favorables, qui se rapportent aux coûts d'acquisition d'actifs propres. Par exemple, (Dressler, Hanappi et van Dender, 2018[16]) constatent que, dans 10 des 36 économies membres et partenaires de l'OCDE étudiés, les tableaux d'amortissement fiscal sont plus généreux à l'égard des technologies de production d'électricité neutres en carbone qu'envers les solutions carbonées. Le Danemark a récemment mis en place un dispositif d'amortissement accéléré ciblant plus généralement les technologies propres (OCDE, 2021[17]). L'Allemagne prévoit d'en adopter un plus ambitieux encore pour promouvoir l'investissement dans la protection du climat et les actifs numériques (SPD, Bündnis 90/Die Grünen et FDP, 2021[18]). Les États-Unis s'appuient depuis longtemps déjà sur l'imposition des sociétés pour encourager les investissements propres, principalement à travers les crédits d'impôt liés aux dépenses d'investissement et de production (Metcalf, 2021[19]). Les Pays-Bas soutiennent fiscalement les investissements propres en proposant, au titre de l'IS, un assortiment d'incitations ciblées comportant deux abattements pour investissement et un tableau d'amortissement accéléré (Anderson et al., 2021[20]).

Les économies en développement et émergentes utilisent elles aussi l'IS pour encourager la réalisation des objectifs climatiques, en se fondant sur les dépenses ou sur le résultat des sociétés (réduction du taux de l'IS ou exonérations à l'IS). Ainsi, il ressort de la base de données de l'OCDE sur les incitations fiscales en faveur de l'investissement (Celani, Dressler et Wermelinger, 2022[21]) que les entreprises qui investissent dans le secteur des énergies renouvelables ont accès à des incitations spécifiques via l'IS à Madagascar (abattement), au Rwanda (taux réduit), au Sénégal (exonération partielle) et en Afrique du Sud (amortissement accéléré). L'investissement dans les technologies vertes en général est encouragé au Viet Nam (exonération et taux réduit), ainsi qu'à Maurice et aux Seychelles (amortissement accéléré).

Les instruments de politique climatique non fondés sur les prix (par exemple, les règles relatives à l'intensité d'émission de GES) procèdent de considérations liées au climat. Ils ne modifient pas directement les prix des activités ou actifs, mais impliquent généralement de coûteux efforts de mise en conformité. En guise d'exemple de règle relative à l'intensité d'émissions on peut mentionner les limites d'émission de CO_2 imposées aux équipements neufs à combustion fossile (par exemple, aux chaudières), telles que celles qu'aux États-Unis, l'Agence pour la protection de l'environnement a définies dans les normes d'émission applicables aux nouvelles sources (NSPS), au titre de la loi sur la lutte contre la pollution atmosphérique (*Clean Air Act*).

Les instruments de nature à atténuer les effets du changement climatique ne procèdent pas tous de considérations liées au climat. Parmi les instruments fondés sur les prix, les droits d'accise sur les combustibles et carburants sont généralement adoptées dans le but premier d'augmenter les recettes, mais n'en exercent pas moins un effet dissuasif sur la consommation des énergies fossiles. Les subventions aux énergies fossiles parfois mises en place pour protéger les ménages fragiles ou les industries énergivores ont aussi pour effet de rendre leur consommation de ces combustibles meilleur marché et, partant, d'accroître les émissions de GES. Les normes de pollution atmosphérique, qui font partie des instruments non fondés sur les prix, peuvent avoir pour avantage corollaire de réduire les émissions de GES liées à la consommation d'énergies fossiles, qui est pour beaucoup dans la pollution de l'air.

Vu les dimensions économique et politique de la tâche à accomplir pour atténuer les effets du changement climatique, il convient de combiner les moyens d'action en mêlant tarification, réglementation et subvention, et ce pour deux raisons au moins. La première tient aux nombreux dysfonctionnements des marchés, à leur inertie et aux effets de sentier (*path dependency*) à surmonter pour passer à la neutralité GES. La seconde est que les pays diffèrent par leur point de départ, leurs structures économiques ou encore les contraintes politiques, sociales et juridiques auxquelles ils sont soumis, tout cela expliquant qu'ils ne suivent pas nécessairement une ligne de conduite identique. Dans le même temps, la diversité conceptuelle et l'enchevêtrement des instruments rendent très difficile toute comparaison systématique des politiques nationales d'atténuation du changement climatique.

L'exercice de comparaison est pourtant utile pour renforcer l'apprentissage mutuel, évaluer le degré de rigueur des mesures et éclairer les décisions à prendre pour gérer les répercussions internationales des choix locaux. Dans certains cas, il s'agit de retombées néfastes, comme lorsqu'une mesure locale se traduit par des fuites de carbone ou nuit à la compétitivité des entreprises étrangères. Dans d'autres, elles sont bénéfiques, en particulier lorsqu'elles prennent la forme d'innovations ou de transferts et d'échanges de technologies propres.

On trouvera dans le présent rapport un inventaire et une cartographie méthodiques des instruments de tarification du carbone et de fiscalité énergétique. Y sont prises en compte les subventions aux énergies fossiles et à l'électricité qui minorent le prix de la consommation intérieure d'énergie avant impôts. Ces subventions forment une partie importante des instruments fondés sur les prix qui sont énumérés dans le Tableau 1.1. Tous les instruments étudiés dans le présent rapport ont en commun de modifier directement le coût des émissions de GES (systèmes d'échange de quotas d'émission, taxes carbone, taxes sur les combustibles et carburants, subventions aux énergies fossiles) ou les prix de l'électricité (taxes sur l'électricité et subventions à l'électricité). Une réforme de ces instruments pour mieux les mettre en cohérence avec les objectifs climatiques - qui se traduirait par une hausse des recettes ou une réduction des dépenses - serait potentiellement bénéfique pour les finances publiques. En ce qui concerne les autres instruments utiles à l'atténuation, une réforme ne modifierait en rien, dans la plupart des cas, le coût des émissions de GES ou celui de la consommation d'électricité, mais pourrait néanmoins avoir un effet indirect non négligeable sur les prix.

Inventaire méthodique fondé sur le cadre d'analyse des taux effectifs d'imposition établi par l'OCDE

Pour la première fois publiées par l'OCDE en 2013 et 2016 respectivement, les séries de rapports et bases de données correspondantes *Taxer la consommation d'énergie* et *Taux effectifs sur le carbone* (TEC) (ci-après désignées par la base de données) dressent l'inventaire des méthodes employées par les pays pour taxer les consommations d'énergie et donner un prix explicite aux émissions de GES[2]. Englobant tous les prélèvements obligatoires sur les usages énergétiques et les émissions de GES, parmi lesquels figurent généralement les taxes carbone, les droits d'accise sur les combustibles et carburants et les taxes sur la consommation d'électricité, la base de données est alimentée de manière systématique suivant une procédure homogène qui permet d'établir des comparaisons internationales et de calculer le prix des permis d'émission qui font l'objet de systèmes d'échange (Tableau 1.2). Le cadre d'analyse des taux effectifs d'imposition employé pour les besoins de la base de données (OCDE, à paraître[22]) tient également compte des subventions aux énergies fossiles et à l'électricité qui minorent le prix de la consommation intérieure d'énergie avant impôts. Les données correspondantes proviennent du rapport *Taxer la consommation d'énergie au service du développement durable* (OCDE, 2021[23]) et de l'Inventaire des mesures de soutien aux énergies fossiles (OCDE, 2015[24] ; OCDE, 2021[25]), le cas échéant[3].

Cette version de la base de données contient, pour l'année 2021, des données nouvelles et inédites concernant 71 pays (soit l'ensemble des pays de l'OCDE et du G20, à l'exception de l'Arabie saoudite, auxquels d'autres viennent désormais s'ajouter)[4] et l'ensemble des émissions de GES. Outre les 44 économies de l'OCDE et du G20 considérées dans les publications *Taxer la consommation d'énergie 2019* et *Taux effectifs sur le carbone 2021*, le présent rapport s'intéresse au Costa Rica, membre de l'OCDE depuis mai 2021, ainsi qu'à 26 autres pays, qui participent tous à la Coalition des ministres des Finances pour l'action climatique. Onze de ces nouveaux pays se trouvent en Afrique (Burkina Faso, Côte d'Ivoire, Égypte, Éthiopie, Ghana, Kenya, Madagascar, Maroc, Nigéria, Ouganda, Rwanda), huit en Amérique latine et Caraïbes (Équateur, Guatemala, Jamaïque, Panama, Paraguay, Pérou, République dominicaine, Uruguay), six en Asie (Bangladesh, Malaisie, Philippines, République kirghize, Sri Lanka) et deux en Europe (Chypre, Ukraine). Quinze ont été intégrés pour la première fois dans le champ d'étude avec le rapport *Taxer la consommation d'énergie au service du développement durable* (OCDE, 2021[23]).

Comme suite à cet élargissement géographique et numérique, le rapport *Taxer la consommation d'énergie* couvre désormais environ 79 % des émissions planétaires de GES (hors émissions dues au changement d'affectation des terres et à la foresterie (CATF)[5]), contre 57 % dans le cas de l'édition 2021 des *Taux effectifs sur le carbone* (2021[26]), soit une hausse de 22 points de pourcentage. Tout au long du présent rapport, les taux de 2021 sont souvent comparés aux données de 2018, lesquelles ont été actualisées et enrichies de façon à cadrer avec l'augmentation du nombre des instruments, types d'émission et pays couverts (voir également la section suivante)[6].

Tableau 1.2. Instruments d'action considérés dans le présent rapport

	Définition	Exemples	Indicateur composite	Ensemble de données
Prix des permis négociés sur les SEQE	Dans les systèmes obligatoires d'échange ou de plafonnement et d'échange, le prix des permis négociables correspond au coût d'opportunité de l'émission d'une unité supplémentaire de CO_2, indépendamment du mode d'allocation des permis.	Les systèmes d'échange de quotas d'émission visent plus communément les principaux émetteurs des secteurs de la production d'électricité et de l'industrie. Il en existe actuellement en Californie et au Québec, en Chine et dans l'Union européenne.	Composante du taux effectif du carbone (TEC) et du TEC net (voir chapitre 2) ainsi que du taux effectif de l'énergie (TEE) et du TEE net (voir chapitre 3)	Inclus dans l'ensemble de données sur les émissions de GES (exprimées en t éq CO2, voir chapitre 2) ainsi que dans celui sur les contenus énergétiques (exprimés en GJ, voir chapitre 3)
Taxe carbone	Toutes les taxes explicitement assises sur le contenu en carbone du combustible considéré ou appliquées directement en fonction du niveau de GES émis (indépendamment de savoir si le prix du carbone en résultant vaut pour tous les produits énergétiques et GES). L'expression « taxe carbone » désigne aussi les taxes visant d'autres GES que le CO_2.	La plupart des pays appliquent des taxes carbone explicites de la même façon que les droits d'accise sur carburants et combustibles (par exemple, France et Suède). Les pays qui prennent ainsi les combustibles et carburants comme assiette ne taxent pas directement les émissions de CO_2 ; ils calculent le taux d'imposition applicable en une unité communément employée dans le commerce, par exemple en kilogrammes dans le cas des combustibles solides, en litres dans le cas des combustibles liquides et en mètres cubes dans le cas des combustibles gazeux. Les taxes carbone assises sur les combustibles et carburants sont souvent rattachées aux droits d'accise. Un certain nombre de pays taxent directement les émissions de GES, notamment l'Afrique du Sud, le Chili, l'Estonie et la Lettonie.	Composante du TEC, du TEC net, du TEE et du TEE net	Incluse dans l'ensemble de données sur les émissions de GES (exprimées en t éq CO_2) ainsi que dans celui sur les contenus énergétiques (exprimés en GJ)
Droits d'accise sur les carburants et combustibles	Tous les droits d'accise qui concernent les carburants et combustibles et ne sont pas des taxes carbone.	La quasi-totalité des pays taxent l'essence et le gazole routiers. Le taux d'imposition est généralement défini pour un litre ou un gallon.	Composante du TEC, du TEC net, du TEE et du TEE net	Incluse dans l'ensemble de données sur les émissions de GES (exprimées en t éq CO_2) ainsi que dans celui sur les contenus énergétiques (exprimés en GJ)
Subventions aux combustibles fossiles	Transferts budgétaires minorant le prix de la consommation intérieure d'énergie fossile avant impôts.	Dans certains pays, les autorités réglementent le prix des énergies fossiles, fixé à un niveau inférieur au coût d'approvisionnement, et rémunèrent les fournisseurs au titre du manque à gagner qui en résulte (comme dans le secteur du GPL au Maroc).	Composante du TEC net et du TEE net	Incluses dans l'ensemble de données sur les émissions de GES (exprimées en t éq CO_2) ainsi que dans celui sur les contenus énergétiques (exprimés en GJ)
Droits d'accise sur l'électricité	Toutes les accises qui frappent l'électricité.	S'appliquent obligatoirement à la consommation d'électricité résidentielle et commerciale sur le territoire de l'Union européenne. Sont souvent indiquées par kWh de consommation finale d'électricité.	Entrent dans la composition du TEE et du TEE net	Figurent uniquement dans l'ensemble de données sur les contenus énergétiques (exprimé en GJ)

Subventions à l'électricité	Transferts budgétaires minorant les prix de la consommation intérieure d'électricité avant impôts.	Dans certains pays, comme le Nigéria, les autorités compensent le manque à gagner des fournisseurs d'électricité dû à l'application de taux inférieurs au coût d'approvisionnement au moyen de transferts budgétaires.	Entrent dans la composition du TEE net	Figurent uniquement dans l'ensemble de données sur les contenus énergétiques (exprimé en GJ)

Note : les données sur les instruments de la politique fiscale proviennent de sources officielles librement accessibles, les fonctionnaires concernés ayant la possibilité de les revoir et de les affiner. L'accise est un impôt sur un produit qui frappe une gamme limitée et prédéfinie d'articles (OCDE, 2020[27]). Pour en savoir plus sur les systèmes d'échange de quotas d'émission, voir le rapport de l'OCDE (2021[26]), *Taux effectifs du carbone 2021*. Pour en savoir plus sur les subventions aux énergies fossiles et à l'électricité, voir (OCDE, à paraître[22] ; OCDE, 2021[25]).

À ce jour, l'indicateur composite le plus utilisé de la base de données est le TEC, qui correspond à la somme des droits d'accise sur les combustibles et carburants, des taxes carbone et des prix des permis fixés dans le cadre des SEQE. Le nouvel indicateur TEC *net* rend compte de surcroît des prix négatifs du carbone (c'est-à-dire des réductions appliquées au prix avant impôts) qui sont la conséquence des subventions aux énergies fossiles. Les montants des droits d'accise sur les combustibles et carburants et des taxes carbone appliquées à ces mêmes produits, habituellement établis sur la base d'unités physiques comme le litre ou le kilogramme, sont convertis en taux d'imposition par tonne de CO_2 en fonction du contenu carbone du produit énergétique considéré[7]. Cette conversion n'a pas lieu d'être dans le cas des taxes assises sur les émissions et des prix des permis d'émission puisque leur montant est déjà exprimé en tonne d'équivalent CO_2 (t éq CO_2)[8]. Les transferts budgétaires sont reliés aux émissions de CO_2 dues à la consommation intérieure d'énergie qui sont directement concernées, et leur montant converti en un taux d'imposition négatif par tonne de CO_2. Les données officielles de l'OCDE relatives aux taux de change et à l'inflation ont été utilisées pour exprimer tous les prix en euros réels de 2021[9].

L'autre grand indicateur composite est le Taux effectif sur l'énergie (TEE), qui complète l'indicateur TEC en incluant les taxes sur l'électricité, le TEE *net* y ajoutant les subventions aux énergies fossiles et à l'électricité. Sont exclues du TEC net les droits d'accise et les subventions qui touchent à l'électricité car, en règle générale, les énergies fossiles n'y font pas l'objet d'un traitement différencié par rapport aux sources propres (OCDE, 2019[28] ; OCDE, 2021[23]). Le TEE net est exprimé en gigajoule (GJ) et sa valeur dépend du contenu énergétique des produits considérés, car les taxes et subventions mises en place à l'égard de l'électricité concernent aussi les sources d'énergie non émettrices de CO_2 (hydraulique, éolienne, solaire et nucléaire). Cet indicateur peut servir à estimer le produit des taxes énergétiques net des subventions aux énergies fossiles et à l'électricité (voir chapitre 3) et à le détailler par instrument[10].

La base de données traite des exonérations, des réductions de taux d'imposition et des remboursements d'impôt, que l'on rencontre très fréquemment en fiscalité énergétique et dans les systèmes de tarification du carbone. Attendu que certains consommateurs d'énergie ou émetteurs de GES bénéficient souvent d'un traitement préférentiel qui, dans les faits, réduit les prix fondés sur l'énergie employée ou les émissions, les taux d'imposition effectifs calculés dans la base de données sont corrigés en conséquence, que les pays fassent ou non état d'un tel dispositif au titre des dépenses fiscales. Cette façon de faire diffère de celle employée dans l'Inventaire des mesures de soutien aux énergies fossiles (Encadré 1.2)[11]. L'existence d'un traitement préférentiel varie grandement selon les pays et, à l'intérieur d'un même pays, il n'est pas rare que sa nature évolue sur la durée. On aurait donc tort de se contenter de comparer les valeurs nominales (également appelées taux standard ou taux affichés) de différents pays et différentes périodes (Finch et van den Bergh, 2022[29]).

Le TEC net rend compte du signal donné par les prix du carbone (du fait des taxes, des systèmes d'échange de quotas d'émission et des subventions aux énergies fossiles), tandis que le TEE net correspond au signal donné par les prix de l'énergie (du fait des éléments pris en considération dans l'établissement du TEC net auxquels s'ajoutent les taxes sur l'électricité et les subventions à l'électricité).

Il est rare que les instruments de politique qui président à l'établissement des indicateurs TEC net et TEE net touchent directement les véritables émetteurs ; habituellement, ce sont les fournisseurs d'énergie qui y sont soumis[12]. Par conséquent, les consommateurs finaux d'énergie ne sont exposés aux signaux-prix cernés par les indicateurs TEC net et TEE net que dans la mesure où ces coûts sont répercutés sur eux. Les éléments qui attestent une telle répercussion des coûts sont parcellaires et vont dans des sens divers. Il y a néanmoins lieu de penser qu'elle est importante lorsque la concurrence est forte et l'offre élastique. En outre, la répercussion des coûts tend davantage à s'intensifier sous l'effet d'une hausse que d'une baisse d'impôt (Alm, Sennoga et Skidmore, 2009[30] ; Harju et al., 2022[31] ; Benzarti et al., 2020[32] ; Marion et Muehlegger, 2011[33]).

La base de données porte essentiellement sur les instruments de tarification dans lesquels la base est directement proportionnelle à la consommation d'énergie ou au volume de GES émis. En sont donc exclus les taxes et redevances qui n'y sont que partiellement corrélées. Entre autres exemples fréquemment rencontrés, on peut citer les taxes à l'achat d'un véhicule automobile, les droits d'immatriculation et les taxes de circulation, ou encore les taxes qui frappent directement les émissions autres que de GES, telles que celle sur les SO_x pratiquée au Danemark. Certains pays appliquent aussi des taxes à la production assises sur l'extraction ou l'exploitation des ressources énergétiques (par exemple, taxes sur l'extraction de pétrole). Comme ces mesures qui agissent sur l'offre n'ont pas de lien direct avec la consommation intérieure d'énergie, ces taxes ne sont pas non plus prises en compte dans la base de données.

Il en va de même pour les taxes sur la valeur ajoutée (TVA) et les taxes sur le chiffre d'affaires. En principe appliquée de manière identique à un large éventail de biens, la TVA n'a aucune incidence sur les prix relatifs des produits et des services (autrement dit, elle ne renchérit pas les biens et services à forte intensité en carbone par rapport à d'autres produits plus propres). Dans la pratique, certains usages énergétiques font parfois l'objet d'un régime de TVA différencié et de taux préférentiels, ce qui favorise leur consommation (OCDE, 2015[34]). La base de données n'a toutefois pas vocation à quantifier les effets d'un régime de TVA différencié, car l'exercice suppose de disposer de données détaillées sur les prix de tous les produits énergétiques, ce qui est rarement possible[13]. Le cas échéant et si les données disponibles le permettent, les taux réduits de TVA, les taux zéro ou les exemptions sont indiqués[14]. Ces dispositifs figurent parfois dans l'Inventaire des mesures de soutien pour les combustibles fossiles établi par l'OCDE, qui vient compléter la présente analyse.

Encadré 1.2. Inventaire des mesures de soutien aux combustibles fossiles établi par l'OCDE

Dans son Inventaire des mesures de soutien aux combustibles fossiles (OCDE, 2021[25]), l'OCDE répertorie, preuves à l'appui, les mesures prises par les pouvoirs publics qui encouragent la production ou la consommation d'énergies fossiles au détriment des sources alternatives et présente des estimations à leur sujet. Son objectif premier est de faire toute la transparence sur les politiques susceptibles de conduire à une production et consommation d'énergies fossiles plus élevées qu'en l'absence d'intervention des pouvoirs publics. L'Inventaire est censé aider les responsables de l'élaboration des politiques à reconnaître les mesures de soutien susceptibles de créer des distorsions, ce qui doit être la première étape d'une réforme des subventions aux énergies fossiles (Elgouacem, 2020[35]). On n'y trouve aucune analyse des effets des mesures étudiées sur les prix et les volumes, ni de réponse à la question de savoir si ces mesures sont inefficaces, favorisent le gaspillage ou nuisent à l'environnement (OCDE, 2015[24]), conformément au principe selon lequel la collecte d'informations doit précéder l'analyse. Il s'agit en effet d'avoir une vue d'ensemble pour aider les pouvoirs publics à définir les mesures de réforme à engager. La toute dernière version de l'Inventaire contient quelque 1 300 mesures réparties dans 50 pays de l'OCDE et économies partenaires (OCDE, 2022[36]).

Si le soutien aux énergies fossiles prend de nombreuses formes, selon son incidence et le mécanisme de transfert employé (OCDE, 2015[24]), seuls les transferts budgétaires et les dépenses fiscales sont considérés dans l'Inventaire en raison de la disponibilité des données. Les sources principales de données sont les documents officiels des autorités (rapports et collectifs budgétaires, comptes publics et statistiques budgétaires). Globalement, les seules formes de soutien qui y sont traitées sont les transferts budgétaires et dépenses fiscales, quoique les estimations couvrent un champ plus ou moins étendu et soient de qualité variable. En général, on trouve des informations et des estimations sur les transferts budgétaires dans les rapports budgétaires ; ils sont revus à chaque cycle budgétaire et sont soumis à l'examen du législateur (Elgouacem, 2020[35]). Ils sont faciles à regrouper dans un inventaire des mesures de soutien.

À l'inverse, les estimations des dépenses fiscales communiquées dans les documents officiels sont de qualité variable, dans la mesure où elles tendent à faire l'objet d'une surveillance moins stricte que les programmes de dépenses directes (Elgouacem et Van Dender, 2019[37] ; OCDE, 2015[24] ; OCDE, 2021[25]). Certains pays fournissent des estimations détaillées des mesures de soutien en place par le biais des dépenses fiscales, tandis que d'autres communiquent peu sur la question[15]. Les dépenses fiscales sont par ailleurs difficiles à comparer entre les pays et dans le temps, et ce pour plusieurs raisons. La première est qu'elles sont estimées sur la base de dispositions fiscales particulières et d'un système fiscal de référence propre à chaque pays. Comme les références varient selon les pays et dans la durée, il est difficile d'interpréter correctement les facteurs explicatifs des écarts internationaux et temporels de dépenses fiscales. La deuxième raison tient aux divergences observées dans les méthodes comptables et budgétaires. Selon les pays, l'imposition plus faible d'un sous-ensemble de produits énergétiques - le plus souvent, à travers les droits d'accise - est assimilée à une réduction de l'obligation fiscale ou à une différenciation fiscale en faveur de produits ou d'activités économiques.

Les dépenses fiscales incluses dans l'Inventaire résultent pour la plupart de réduction des taux d'imposition, d'exonérations ou d'abattements au titre de taxes sur la valeur ajoutée (TVA) ou de droits d'accise. En général, elles concernent : i) des groupes de consommateurs particuliers ; ii) des types de combustibles/carburants particuliers ; iii) des usages spécifiques (OCDE, 2015[24]). Par exemple, les résidents des régions jugées économiquement défavorisées peuvent bénéficier de taxes sur la consommation de combustibles plus faibles ou le gazole peut être moins taxé que l'essence dans le secteur des transports. Enfin, il est également possible d'appliquer des abattements fiscaux pour favoriser l'utilisation de carburants dans certaines activités, telles que l'aviation commerciale, l'agriculture, la pêche, la foresterie, le transport maritime et l'exploitation minière.

Source : OCDE (à paraître[22]).

Rattachement des taux effectifs d'imposition à la consommation d'énergie et aux émission de GES

Outre qu'elle en dresse un inventaire, la base de données relie les instruments de politique à la consommation énergétique et aux émissions de GES auxquels ils correspondent de façon à pouvoir établir des comparaisons entre les pays et dans la durée. La base de données relative à l'énergie est adaptée des *Statistiques et bilans énergétiques mondiaux* de l'AIE (AIE, 2020[38]), qui servent également à calculer les émissions de CO_2 imputables à la consommation énergétique. Les émissions de GES hors CO_2 dues à la consommation énergétique ont pour la première fois été prises en compte, à l'aide de données de Climate Watch (2020[39]). Ces émissions sont exprimées en équivalent CO_2 sur la base des valeurs relatives au potentiel de réchauffement global à 100 ans qui figurent dans le quatrième Rapport d'évaluation du GIEC[16]. Les taux effectifs d'imposition disponibles pour 2018 et 2021 sont rattachés aux données de référence de 2018, ce qui facilite les comparaisons entre deux points dans le temps, puisque l'évolution des taux moyens n'est pas affectée par celle de la composition des consommations d'énergie et des émissions de GES[17].

Il est commun que les instruments se superposent, ce dont il a été tenu compte. Dans des pays comme la Finlande et le Royaume-Uni, les taxes carbone frappent des émissions qui relèvent déjà d'un SEQE, ce qui majore le prix du carbone pratiqué. Ailleurs, par exemple en Allemagne et en France, les instruments de tarification intérieure du carbone ne visent généralement que les émissions non soumises au SEQE-UE[18]. Les instruments de tarification explicite du carbone venant souvent s'ajouter à des régimes d'accise préexistants, il arrive que leur mise en place s'accompagne d'une révision à la baisse de ces droits. Il est des cas où les bénéficiaires des subventions aux énergies fossiles - combustibles, carburants et consommateurs - sont également soumis aux droits d'accise sur les carburants (en Égypte, par exemple). La non-prise en compte de ces interactions, qui varient selon les pays, évoluent dans le temps et touchent souvent plusieurs niveaux d'administration (par exemple, l'UE et ses États membres, l'administration centrale et infranationales au Canada, au Mexique et aux États-Unis), fausserait le tableau des mesures et politiques engagées par les pays face au changement climatique.

Tableau 1.3. Définitions des secteurs

Secteur	Définition de référence retenue dans l'ensemble de données sur les émissions de GES (chapitre 2)	Définition de référence retenue dans l'ensemble de données sur les contenus énergétiques (chapitre 3)
Transports routiers	Émissions de CO_2 d'origine fossile dues à la consommation totale d'énergie primaire dans les transports routiers.	Contenu énergétique (en joules) de la consommation totale d'énergie primaire dans les transports routiers.
Transports non routiers	Les émissions de CO_2 d'origine fossile dues à la consommation totale d'énergie primaire dans les transports non routiers (inclus le transport par pipelines, ferroviaire, aérien et maritime). Sont exclus les carburants utilisés dans les transports aériens et maritimes internationaux.	Contenu énergétique (en joules) de la consommation totale d'énergie primaire dans les transports non routiers (inclus le transport par pipelines, ferroviaire, aérien et maritime). Sont exclus les carburants utilisés dans les transports aériens et maritimes internationaux.
Industrie	Émissions de CO_2 d'origine fossile dues à la consommation d'énergie primaire dans les installations primaires (y compris les centrales de chauffage urbain et installations d'autoproduction d'électricité).	Contenu énergétique (en joules) de la consommation d'énergie primaire dans les installations primaires (y compris les centrales de chauffage urbain et installations d'autoproduction d'électricité).
Agriculture et pêche	Émissions de CO_2 d'origine fossile dues à la consommation d'énergie primaire dans les secteurs de l'agriculture, de la pêche et de la foresterie à d'autres fins que la production d'électricité et les transports.	Contenu énergétique (en joules) de la consommation totale d'énergie primaire dans les secteurs de l'agriculture, de la pêche et de la foresterie à d'autres fins que la production d'électricité et les transports.
Bâtiment	Émissions de CO_2 d'origine fossile dues à la consommation d'énergie primaire par les ménages, les entreprises et les services publiques à d'autres fins que la production d'électricité et les transports.	Contenu énergétique (en joules) de la consommation totale d'énergie primaire par les ménages, les entreprises et les services publics d'autres fins que la production d'électricité et les transports.

Électricité	Émissions de CO_2 d'origine fossile dues à la consommation d'énergie primaire dans la production d'électricité (hors installations d'autoproduction d'électricité affectées à l'industrie), électricité exportée incluse. Sont exclues les importations d'électricité.	Contenu énergétique (en joules) de la consommation totale d'énergie primaire dans la production d'électricité (hors installations d'autoproduction d'électricité affectées à l'industrie), électricité exportée incluse. Les importations d'électricité sont uniquement prises en compte dans le calcul du produit net des taxes énergétiques (car elles sont généralement visées par les droits d'accise sur l'électricité lorsque celles-ci existent).
Autres GES (hors CATF)	Parmi les autres émissions de GES considérées figurent celles de méthane et d'oxyde nitreux d'origine agricole, les émissions fugitives des activités d'extraction d'hydrocarbures et de charbon, des déchets et des procédés industriels, ainsi que les émissions de CO_2 dues aux procédés industriels hors combustion (principalement, production de ciment) et les émissions de gaz fluorés. Sont exclues les émissions du secteur CATFn ainsi que les émissions de CO_2 issues de la combustion d'énergie qui sont déclarées dans le secteur de l'agriculture et de la pêche.	Non applicable.

Note : les estimations de la consommation d'énergie primaire reposent sur le principe de territorialité et intègrent l'énergie vendue sur le territoire d'un pays mais potentiellement consommée ailleurs (par exemple, du fait du phénomène du tourisme à la pompe dans le cas des transports routiers).
Source : classification établie par les auteurs à partir des informations sur les flux énergétiques contenues dans la base de données de l'AIE sur les bilans énergétiques mondiaux (AIE, 2020[38]) et du volet « autres GES » de l'ensemble de données de Climate Watch (2020[39]).

Pour que les pays considérés dans la base de données puissent être comparés au regard d'éléments comparables, des définitions homogènes de secteur et de produit ont été appliquées à chacun d'eux. On trouvera dans le Tableau 1.3 une vue d'ensemble des six secteurs économiques pris en compte dans la base de données, ainsi que la définition des émissions de GES et de la base énergétique qui leur sont associées. Les émissions de GES et les usages énergétiques sont affectés au secteur qui consomme l'énergie primaire. Par exemple, la consommation d'énergie primaire associée à la production d'électricité est affectée au secteur de l'électricité, même si l'électricité est consommée par les ménages. En raison des limites liées aux données et par souci de comparabilité avec les versions antérieures de la base de données, les autres émissions de GES n'ont pas été affectées aux six secteurs économiques mais rassemblées au sein d'un septième dans l'ensemble de données sur la tarification des GES (voir chapitre 2). On trouvera dans le Tableau 1.4 des informations plus détaillées sur la manière dont les produits énergétiques sont regroupés à l'intérieur de la base de données et sur leur répartition dans les ensembles de données.

Tableau 1.4. Définitions des produits énergétiques

Classification	Catégorie	Définition	Inclus dans l'ensemble de données sur les émissions de GES (chapitre 2) ?	Inclus dans l'ensemble de données sur les contenus énergétiques (chapitre 3) ?
Combustibles fossiles :	Charbon et autres combustibles fossiles solides	Anthracite, bitume ; charbons bitumineux ; briquettes de lignite ; coke de cokerie ; charbon à coke ; coke de gaz ; lignite ; schistes bitumineux ; agglomérés ; tourbe ; produits de tourbe ; coke de pétrole ; charbon sous-bitumineux	Oui	Oui
	Fioul	Fioul	Oui	Oui
	Carburant diesel	Gazole/carburant diesel hors biocarburants	Oui	Oui
	Kérosène	Kérosène aviation ; autres kérosènes	Oui	Oui
	Essence	Essence aviation ; essence moteur hors biocarburants	Oui	Oui
	GPL	Gaz de pétrole liquéfié	Oui	Oui
	Gaz naturel	Gaz naturel	Oui	Oui
	Autres énergies fossiles et déchets non renouvelables	Additifs ; gaz de haut fourneau ; goudron de houille ; gaz de cokerie ; gaz de convertisseur ; pétrole brut ; éthane ; gaz d'usine à gaz ; lubrifiants industriels usagés ; déchets municipaux (non renouvelables) ; naphte ; liquides de gaz naturel ; autres hydrocarbures ; autres produits pétroliers ; cires de paraffine ; produits d'alimentation de raffinerie ; gaz de raffinerie ; essences spéciales et white-spirit	Oui	Oui
Biocombustibles :	Biocombustibles	Biodiesels ; biogaz ; biocarburant essence ; biokérosène ; charbon de bois ; déchets municipaux (non renouvelables) ; autres biocombustibles liquides ; autres biocombustibles solides primaires	Les émissions de CO_2 dues à la combustion de biocombustibles sont uniquement mentionnées à titre indicatif.	Oui
Sources d'énergie hors combustibles :	Hydraulique	Hydraulique	Non	Oui
	Géothermique	Géothermie	Non	Oui
	Soleil, vent, eau	Solaire photovoltaïque ; solaire thermique ; marées et houle ; vent	Non	Oui
	Nucléaire	Nucléaire	Non	Oui
	Autres sources d'électricité et de chaleur	Importations d'électricité ; importations de chaleur ; autres sources d'électricité et de chaleur	Non	Oui

Note : classification établie par les auteurs. Les produits énergétiques s'entendent au sens de la définition employée dans les *Statistiques et bilans énergétiques mondiaux* de l'AIE (2020[38]).

Références

AIE (2021), *Global Energy Review: CO2 Emissions in 2020*, AIE, https://www.iea.org/articles/global-energy-review-co2-emissions-in-2020. [40]

AIE (2021), *World Energy Outlook 2021*, https://www.iea.org/reports/world-energy-outlook-2021. [6]

AIE (2020), *World Energy Statistics and Balances*, https://www.iea.org/data-and-statistics/data-product/world-energy-balances. [38]

Alm, J., E. Sennoga et M. Skidmore (2009), « Perfect Competition, Urbanization, and Tax Incidence in the Retail Gasoline Market », *Economic Inquiry*, vol. vol. 47/n° 1, pp. pp. 118-134, https://doi.org/10.1111/j.1465-7295.2008.00164.x. [30]

Anderson, B. et al. (2021), « Policies for a climate-neutral industry: Lessons from the Netherlands », *OECD Science, Technology and Industry Policy Papers*, n° 108, Éditions OCDE, Paris, https://doi.org/10.1787/a3a1f953-en. [20]

Benzarti, Y. et al. (2020), « What Goes Up May Not Come Down: Asymmetric Incidence of Value-Added Taxes », *Journal of Political Economy*, vol. vol. 128/n° 2, pp. pp. 4438-4474, https://doi.org/10.1086/710558. [32]

CCNUCC (2021), *Contributions déterminées au niveau national en vertu de l'Accord de Paris : rapport de synthèse du secrétariat*, https://documents-dds-ny.un.org/doc/UNDOC/GEN/G21/256/03/pdf/G2125603.pdf?OpenElement. [7]

Celani, A., L. Dressler et M. Wermelinger (2022), « Building an Investment Tax Incentives database: Methodology and initial findings for 36 developing countries », *OECD Working Papers on International Investment*, n° 2022/01, Éditions OCDE, Paris, https://doi.org/10.1787/62e075a9-en. [21]

Climate Watch (2020), *GHG Emissions (CAIT dataset)*, Institut des ressources mondiales, https://www.climatewatchdata.org/ghg-emissions. [39]

Coalition des ministres des finances pour l'action climatique (2020), *Better recovery, better world: Resetting climate action in the aftermath of the COVID-19 pandemic*, https://www.financeministersforclimate.org/sites/cape/files/inline-files/Better%20Recovery%2C%20Better%20World%20FINAL.pdf. [9]

Devereux, M. et R. Griffith (2003), « Evaluating Tax Policy for Location Decisions », *International Tax and Public Finance*, vol. vol. 10, pp. pp. 107–126, https://doi.org/10.1023/A:1023364421914. [15]

Dressler, L., T. Hanappi et K. van Dender (2018), « Unintended technology-bias in corporate income taxation: The case of electricity generation in the low-carbon transition », *Documents de travail de l'OCDE sur la fiscalité*, n° 37, Éditions OCDE, Paris, https://doi.org/10.1787/9f4a34ff-en. [16]

Elgouacem, A. (2020), « Designing fossil fuel subsidy reforms in OECD and G20 countries: A robust sequential approach methodology », *Documents de travail de l'OCDE sur l'environnement*, n° 168, Éditions OCDE, Paris, https://doi.org/10.1787/d888f461-en. [35]

Elgouacem, A. et K. Van Dender (2019), *Fossil fuel support through tax expenditures: measurement and interpretation*, document de l'OCDE pour la 30ème réunion conjointe des experts sur la fiscalité et l'environnement, non publié. [37]

Finch, A. et J. van den Bergh (2022), « Assessing the authenticity of national carbon prices: A comparison of 31 countries », *Global Environmental Change*, vol. Vol. 74, p. 10.1016/j.gloenvcha.2022.102525, https://doi.org/10.1016/j.gloenvcha.2022.102525. [29]

GIEC (2022), *Climate Change 2022: Impacts, Adaptation and Vulnerability*, https://www.ipcc.ch/assessment-report/ar6/. [2]

GIEC (2022), *Climate Change 2022: Mitigation of Climate Change*, https://www.ipcc.ch/assessment-report/ar6/. [3]

GIEC (2021), *Climate Change 2021: The Physical Science Basis*, https://www.ipcc.ch/assessment-report/ar6/. [1]

Hall, R. et D. Jorgenson (1969), « Tax Policy and Investment Behavior: Reply and Further Results », *The American Economic Review*, vol. vol. 59/n° 3, pp. pp. 388-401, https://www.jstor.org/stable/1808970?searchText=&searchUri=&ab_segments=&searchKey=&refreqid=fastly-default%3A29b32027644e1b59826ffc345615d473#metadata_info_tab_contents. [14]

Hall, R. et D. Jorgenson (1967), « Tax Policy and Investment Behavior », *The American Economic Review*, vol. vol. 57/vol. 3, pp. pp. 391-414, http://www.jstor.org/stable/1812110. [13]

Harju, J. et al. (2022), « The heterogeneous incidence of fuel carbon taxes: Evidence from station-level data », *Journal of Environmental Economics and Management*, vol. 112, p. 102607, https://doi.org/10.1016/j.jeem.2021.102607. [31]

Jeudy-Hugo, S., L. Lo Re et C. Falduto (2021), « Understanding countries' net-zero emissions targets », *OECD/IEA Climate Change Expert Group Papers*, n° 2021/03, Éditions OCDE, Paris, https://doi.org/10.1787/8d25a20c-en. [5]

Marion, J. et E. Muehlegger (2011), « Fuel tax incidence and supply conditions », *Journal of Public Economics*, vol. vol. 95/n° 9-10, pp. pp. 1202-1212, https://doi.org/10.1016/j.jpubeco.2011.04.003. [33]

Meinshausen, M. et al. (2022), « Realization of Paris Agreement pledges may limit warming just below 2 °C », *Nature*, vol. 604/7905, pp. pp. 304-309, https://doi.org/10.1038/s41586-022-04553-z. [8]

Metcalf, G. (2021), *Supporting Low-Carbon Energy Through a New Generation of Tax Credits*, The Fletcher School, Tufts University, https://sites.tufts.edu/cierp/files/2021/09/CPL_Policy_Brief_US_Tax-Credits.pdf. [19]

Net Zero Tracker (2021), *Net Zero Tracker. Energy and Climate Intelligence Unit, Data-Driven EnviroLab, NewClimate Institute, Oxford Net Zero.*. [4]

OCDE (2022), « Inventaire OCDE des mesures de soutien pour les combustibles fossiles : Australie », *Statistiques de l'OCDE sur l'environnement (base de données)*, https://doi.org/10.1787/0c6d6d8b-fr (consulté le 2 septembre 2022). [36]

OCDE (2021), *Effective Carbon Rates 2021: Pricing Carbon Emissions Through Taxes and Emissions Trading*, Éditions OCDE, Paris, https://doi.org/10.1787/0e8e24f5-en. [26]

OCDE (2021), *Inventaire des mesures de soutien pour les combustibles fossiles (base de données)*.. [25]

OCDE (2021), *Scaling up Nature-based Solutions to Tackle Water-related Climate Risks: Insights from Mexico and the United Kingdom*, Éditions OCDE, Paris, https://doi.org/10.1787/736638c8-en. [12]

OCDE (2021), *Statistiques des recettes publiques 2021 : l'impact initial du COVID-19 sur les recettes fiscales de l'OCDE*, Éditions OCDE, Paris, https://doi.org/10.1787/ed5596c6-fr. [41]

OCDE (2021), *Tax Policy Reforms 2021: Special Edition on Tax Policy during the COVID-19 Pandemic*, Éditions OCDE, Paris, https://doi.org/10.1787/427d2616-en. [17]

OCDE (2021), *Taxer la consommation d'énergie au service du développement durable : Opportunités de réforme de la fiscalité et des subventions énergétiques dans certaines économies émergentes et en développement*, Éditions OCDE, Paris. [23]

OCDE (2021), *The OECD Green Recovery Database: Examining the environmental implications of COVID-19 recovery policies*, OCDE, Paris, https://www.oecd.org/coronavirus/. [10]

OCDE (2020), *Statistiques des recettes publiques 2020*, Éditions OCDE, Paris, https://doi.org/10.1787/c6381ca6-fr. [27]

OCDE (2020), *Towards Sustainable Land Use: Aligning Biodiversity, Climate and Food Policies*, Éditions OCDE, Paris, https://doi.org/10.1787/3809b6a1-en. [11]

OCDE (2019), *Taxing Energy Use 2019: Using Taxes for Climate Action*, Éditions OCDE, Paris, https://doi.org/10.1787/058ca239-en. [28]

OCDE (2015), *Rapport accompagnant l'inventaire OCDE des mesures de soutien pour les combustibles fossiles*, Éditions OCDE, Paris, https://doi.org/10.1787/9789264243583-fr. [24]

OCDE (2015), *Tax Energy Use 2015: OECD and Selected Partner Economies*, Éditions OCDE, Paris, https://doi.org/10.1787/9789264232334-en. [34]

OCDE (à paraître), *Net Effective Carbon Rates*. [22]

SPD, Bündnis 90/Die Grünen et FDP (2021), *Mehr Fortschritt Wagen: Bündnis für Freiheit, Gerechtigkeit und Nachhaltigkeit (Accord de coalition entre les partis au pouvoir allemands)*, https://www.bundesregierung.de/resource/blob/974430/1990812/04221173eef9a6720059cc353d759a2b/2021-12-10-koav2021-data.pdf?download=1. [18]

Notes

[1] Entre autres instruments fondés sur les prix, les droits d'accise sur les combustibles et carburants et un sous-ensemble de dispositifs d'aide aux énergies fossiles reposent eux aussi sur une base proportionnelle aux émissions de CO_2, en conséquence de quoi ils sont pris en compte dans l'indicateur Prix nets effectifs du carbone. En revanche, comme leur montant n'est pas lié à un prix du carbone, ils n'aboutissent pas à une tarification uniforme du carbone, dans la mesure où tous les produits énergétiques n'ont pas la même teneur en carbone. En outre, ils ne s'appliquent habituellement qu'à certains types de produits énergétiques (par exemple, l'essence et le gazole routiers).

[2] Outre les émissions de CO_2, l'ensemble de données concerne les émissions de méthane (CH_4), d'oxyde nitreux (N_2O) et de gaz fluorés, qui incluent les hydrofluorocarbones (HFC), les hydrocarbures perfluorés (PFC) et l'hexafluorure de soufre (SF_6).

[3] L'Inventaire des mesures de soutien pour les combustibles fossiles englobe les économies de l'OCDE et du G20 ainsi que les pays partenaires d'Europe orientale. Pour tous les autres pays considérés dans le

présent rapport, le Secrétariat de l'OCDE a recueilli des données originales sur les transferts budgétaires et les mesures connexes.

4 Le présent rapport a été établi à partir de données et d'informations datant d'avant la guerre que les offensives russes menées en février 2022 sur les territoires de l'Ukraine sous contrôle gouvernemental ont déclenchée.

5 Dans le présent rapport, c'est l'acronyme CATF (et non « utilisation des terres, changement d'affectation des terres et foresterie », UTCATF) qui est employé pour souligner que les données considérées proviennent de l'ensemble de données issus du CAIT (Climate Watch, 2020[39]), qui ne reprend pas les inventaires officiels des pays communiqués à la CCNUCC.

6 Taux d'imposition applicables au 1er avril 2021 (pour 2021) et au 1er juillet 2018 (pour 2018). Compte tenu de leur caractère volatile, les prix des permis correspondent à la moyenne des prix des enchères du SEQE (ou, le cas échéant, au comptant) enregistrés en 2021 et 2018, respectivement. Les valeurs des subventions aux énergies fossiles et à l'électricité indiquées pour 2021 et 2018 ont été estimées à partir des données annuelles disponibles pour 2020 et 2018 respectivement.

7 Dans un premier temps, le Secrétariat convertit tous les taux d'imposition en taux d'imposition effectif de l'énergie par gigajoule (GJ) sur la base du contenu énergétique du produit considéré et en appliquant les facteurs de conversion de l'AIE (ou, à défaut, ceux fournis par les délégations auprès de la SCEFE, principalement eu égard au gaz naturel, ou issus d'une recherche documentaire). Cela permet de regrouper les taux d'imposition, tous produits énergétiques et consommateurs confondus (comme exposé dans le chapitre 3). Les montants des droits d'accise sur les combustibles et carburants et des taxes carbone appliquées à ces mêmes produits sont ensuite convertis en taux par tonne de CO_2 (chapitre 2) à l'aide des facteurs de conversion officiels définis par le Groupe d'experts intergouvernemental sur l'évolution du climat.

8 En pareil cas, par exemple dans celui de certaines taxes sur les gaz fluorés, des taux en équivalent CO_2 sont calculés à l'aide des meilleures informations disponibles.

9 En l'absence de données sur les taux de change moyens des pays de l'OCDE pour la période considérée, on définit des valeurs sur la base des Statistiques financières internationales du FMI. En l'absence de données sur l'inflation, on utilise les données relatives aux prix à la consommation figurant dans la base de données de la Banque mondiale intitulée « Indicateurs du développement dans le monde ». Dans le cas de l'Argentine, le déflateur du PIB a servi de variable de substitution à l'inflation. Les autres valeurs manquantes pour 2021 ont été remplacées par les valeurs de 2020.

10 Il est possible d'obtenir des estimations ascendantes du produit fiscal lié aux usages énergétiques en multipliant les taux d'imposition effectifs en vigueur par la base énergétique. Les estimations ascendantes ne correspondent pas nécessairement aux montants réels des recettes et des dépenses réelles, notamment en raison des différences entre l'année de référence et la date du calcul du taux. Les données sur les usages énergétiques étant disponibles une fois par an, il n'est pas possible de reconstituer, dans son intégralité, l'évolution des taux d'imposition sur toute une année entière.

11 Les données relatives aux dépenses des données n'en demeurent pas moins très utiles pour recenser et décrire les différentes subventions et, ainsi, reconstituer ce que les pays eux-mêmes qualifient de traitement préférentiel sous la forme de dérogations à la norme fiscale nationale et de surcroît potentiel de recettes dû à la réforme (OCDE, 2021[25]).

[12] La situation est différente dans le cas des systèmes d'échange de quotas d'émission (et des taxes carbone assises sur les émissions) dans lesquels ce sont généralement les entités réglementées qui doivent remettre les droits (également appelés quotas) d'émission de GES de leurs installations.

[13] Par ailleurs, comme les émissions et usages énergétiques y sont comptabilisés sous l'angle territorial, il n'est pas possible d'ajouter de manière directe, dans l'ensemble de données, des informations en lien avec un prélèvement fondé sur le principe de destination tel que la TVA (par exemple, dans le cas des secteurs d'exportation).

[14] Les tarifs douaniers sont exclus mais, à l'instar de la TVA et des taxes sur le chiffre d'affaires, ils peuvent influer sur le prix relatif des produits énergétiques dès lors qu'ils ne s'appliquent pas de manière générale à d'autres biens.

[15] Cependant, les dépenses fiscales représentent la majorité des mesures considérées dans l'Inventaire (60 % du total en USD) et la quasi-totalité des formes de soutien recensées pour certains pays. L'Inventaire des différentes mesures publiques invite aussi à s'interroger sur l'importance actuelle des dispositifs de soutien ainsi que sur la possibilité d'atteindre les objectifs affichés par d'autres voies plus efficaces, plus équitables et plus respectueuses de l'environnement (OCDE, 2021[25]).

[16] Voir http://cait.wri.org/docs/CAIT2.0_CountryGHG_Methods.pdf pour de plus amples informations sur les sources de données et les méthodes employées.

[17] Comme, au moment de la collecte des données, les données disponibles les plus récentes sur les consommations d'énergie, les émissions et le périmètre des SEQE se rapportaient à l'année 2018, ce sont celles qui ont été utilisées pour 2021, année de référence. Début 2020, la pandémie de COVID-19 a fait chuter la consommation d'énergie et les émissions de GES. Cependant, dès le mois de décembre, le niveau des émissions mondiales était supérieur de 2 % à celui enregistré un an plus tôt (AIE, 2021[40]).

[18] Les estimations relatives aux émissions concernées par les SEQE reposent sur les *Taux effectifs sur le carbone 2021* établis par l'OCDE (2021[26]), corrigés de l'évolution récente des parts d'émissions couvertes.

2 Tarification des émissions de gaz à effet de serre. Qu'est-ce qui a changé ? Qu'est-ce qui doit changer ?

Ce chapitre présente la tarification du carbone et le contexte actuel de la politique énergétique. Il analyse ensuite l'évolution de la tarification des émissions de gaz à effet de serre (GES) entre 2018 et 2021 dans 71 pays. La tarification du carbone est envisagée au sens large, puisqu'elle tient compte à la fois de ses formes explicites (systèmes d'échange de quotas d'émission et taxes carbone) et des instruments de tarification implicite qui modifient directement les prix des combustibles fossiles (droits d'accise sur les combustibles et prix négatifs du carbone résultant de subventions qui abaissent les prix de ces combustibles hors taxes). Les résultats sont ventilés par instrument, par secteur (transport routier, transport non routier, industrie, agriculture et pêche, bâtiments et autres émissions de GES), par pays, par combustible fossile et par centile des émissions de GES. Ce chapitre présente des estimations des recettes que pourraient procurer certaines modalités de réformes envisageables des subventions aux énergies fossiles et de la tarification du carbone, décrit le lien entre la tarification du carbone et les objectifs de développement durable et explique comment les pouvoirs publics pourraient susciter de nouveaux efforts d'atténuation.

La tarification du carbone, un mécanisme qui fonctionne

La tarification du carbone peut aider les pays à atteindre leurs objectifs climatiques et à lever des recettes publiques pour financer la réalisation d'objectifs sociaux, environnementaux et de développement. La tarification du carbone désigne l'application d'un prix positif aux émissions de CO_2 et, s'agissant des autres gaz à effet de serre (GES), aux émissions d'équivalent CO_2 par le biais de taxes ou de systèmes d'échange de quotas d'émission (on trouvera dans le chapitre 1 les définitions des instruments d'action pertinents et une présentation générale des instruments connexes qui ne sont pas traités dans le présent chapitre). Elle encourage les particuliers et les entreprises à faire des choix plus respectueux de l'environnement, tout en générant des recettes publiques (Encadré 2.1). Par conséquent, elle renforce et rend possible la dépense publique tant que les émissions demeurent significatives (OCDE, 2020[1]).

Encadré 2.1. Les points forts de la tarification du carbone

La tarification du carbone :

- Incite l'ensemble des entreprises et des ménages sans exception à réduire leurs consommations énergétiques fortement émettrices de carbone et à passer à des énergies plus propres, et ce en augmentant le prix des combustibles à forte teneur en carbone, ainsi que de l'électricité et des biens de consommation produits à l'aide de ces combustibles.
- Engendre un signal-prix essentiel pour mobiliser des investissements privés dans les énergies propres. La tarification rend les conditions plus équitables pour les technologies peu émettrices et contribue à éviter des investissements pérennisant la dépendance aux énergies fossiles (dans les centrales électriques au charbon, par exemple), ce qui concourt à une réduction des émissions rentable.
- Offre plus de souplesse que les approches réglementaires. Contrairement aux normes d'efficacité énergétique et autres mesures réglementaires, la tarification permet aux ménages et aux entreprises de choisir parmi un éventail de solutions pour réduire leurs émissions. Cette flexibilité accrue est source de réduction des coûts, sachant que les pouvoirs publics sont généralement moins bien informés sur les solutions dont disposent les émetteurs et que ceux-ci ne privilégient pas forcément tous la même.
- Crée une incitation continue à réduire les émissions. Alors qu'avec d'autres outils, comme les normes, cette incitation disparaît une fois la mise en conformité assurée, la tarification la maintient aussi longtemps que les émissions sont positives.
- Réduit les effets rebonds. Certains instruments, comme les normes d'efficacité énergétique, peuvent entraîner une hausse des consommations énergétiques. Par exemple, lorsque le rendement d'un climatiseur s'améliore, son coût de fonctionnement baisse et cela peut inciter à l'utiliser plus souvent. Une partie des économies d'énergie réalisées grâce au meilleur rendement énergétique est ainsi annulée, à moins que le prix de la consommation d'énergie ou des émissions qu'elle occasionne augmente parallèlement.
- Procure des recettes publiques. Contrairement à la plupart des autres instruments d'atténuation, la tarification du carbone augmente les recettes publiques, et les coûts administratifs de recouvrement peuvent être plus faibles que ceux de beaucoup d'autres instruments fiscaux.
- Produit des avantages environnementaux secondaires, par exemple en allégeant la charge de mortalité et de morbidité imputable à la pollution atmosphérique locale. À l'instar d'autres instruments d'atténuation, la tarification du carbone fait baisser la pollution de l'air : c'est un effet tangible et immédiat de la diminution de la combustion de charbon et de carburants automobiles, notamment dans les aires métropolitaines.

Source : D'après (FMI/OCDE, 2021[2]).

La tarification du carbone est un mécanisme qui fonctionne concrètement. Une récente revue des travaux empiriques consacrés à la question confirme que « la tarification du carbone a des effets normalisés significatifs et relativement importants (au regard du faible niveau des prix observé jusqu'ici) en termes de réduction générale des émissions (évolution des comportements, adoption et remplacement de technologies) et d'innovation pure » (van den Bergh et Savin, 2021[3]). Les données factuelles disponibles au sujet du prix plancher du carbone appliqué au secteur de l'électricité au Royaume-Uni montrent que, même à court terme, la tarification du carbone peut susciter une forte baisse des émissions, de 20 à 26 % par an en moyenne (Leroutier, 2022[4]). L'OCDE a récemment estimé la réactivité à long terme des émissions à la tarification du carbone, et il en ressort qu'en moyenne, une hausse des taux effectifs du carbone de 10 EUR par tonne de CO_2 fait baisser ces émissions de 3.7 % à long terme dans les conditions technologiques existantes (voir aussi Encadré 2.5)[1]. La tarification du carbone fait donc partie des méthodes de réduction qui reviennent le plus souvent dans les contributions déterminées au niveau national des pays (CCNUCC, 2021[5]).

La tarification du carbone n'est pas le seul élément nécessaire pour accélérer la transition vers la neutralité GES. Plusieurs autres leviers d'action fondés ou non sur les prix seront essentiels pour permettre aux pays d'atteindre cette neutralité (voir chapitre 1). C'est le cas des normes et de la réglementation, ainsi que d'autres politiques de nature à favoriser une telle évolution : mécanismes de soutien à l'innovation, investissement dans les infrastructures et mesures d'aide aux populations en transition (D'Arcangelo et al., 2022[6]). Le rapport (FMI/OCDE, 2021[2]) souligne qu'« une tâche essentielle à accomplir au niveau national consiste à judicieusement panacher les systèmes de tarification du carbone et autres instruments complémentaires d'application sectorielle. Il s'agit notamment des surtaxes et subventions à l'achat d'un véhicule neuf selon la consommation énergétique et des dispositions réglementaires, qui sont potentiellement moins efficaces, mais seront, selon toute vraisemblance, plus largement acceptées dans l'opinion du fait qu'elles pèseront plus faiblement ou de façon moins directe sur les prix de l'énergie ». Il arrive que les gouvernements prennent des mesures qui abaissent concrètement le prix du carbone, ce qui entraîne une hausse des émissions de GES et fait diminuer les recettes publiques ou impose des dépenses publiques supplémentaires. Les mesures de soutien aux combustibles fossiles qui sont parfois appliquées pour protéger les ménages fragiles ou les industries énergivores ont aussi pour effet de rendre la consommation de ces combustibles meilleur marché (Encadré 2.2).

Encadré 2.2. Soutien aux énergies fossiles et taux effectifs sur le carbone

Les indicateurs utilisés dans ce chapitre prennent en compte deux types courants d'aides aux énergies fossiles[2]. Premièrement, ils intègrent les mesures de soutien comme les exonérations ou allégements fiscaux, qui réduisent les prix marginaux positifs du carbone découlant d'un des trois éléments composant l'indicateur des taux effectifs sur le carbone (TEC). En l'occurrence, le TEC correspond à la somme des prix du carbone qui résultent des systèmes d'échange de quotas d'émission, des taxes carbone et des droits d'accise sur les combustibles et carburants.

Deuxièmement, les indicateurs tiennent compte des transferts budgétaires directs aux producteurs de combustibles fossiles (ou aux utilisateurs finaux si les transferts sont attachés à la consommation de combustibles fossiles) qui réduisent les prix intérieurs hors taxes de ces combustibles. Cela comprend, par exemple, les transferts budgétaires aux producteurs qui viennent compenser la fourniture de combustibles fossiles à des prix réglementés inférieurs à ceux du marché. Ces transferts sont rapportés à la consommation intérieure de combustibles fossiles achetés à prix réduit. Cela permet d'estimer la quantité d'émissions qui est tarifée concrètement à prix réduit, afin de calculer le taux par tonne de CO_2 correspondant, en s'appuyant sur les méthodes élaborées dans le contexte du projet intitulé Taxer la consommation d'énergie au service du développement durable (TEU-SD) (OCDE, 2021[7]), et en puisant dans les données sur les transferts budgétaires de l'Inventaire des mesures de soutien aux énergies fossiles (OCDE, 2015[8]). Dans ce rapport, conformément à la méthodologie TEU-SD, toute mesure qui abaisse des prix énergétiques hors taxe est qualifiée de « subvention », que ce terme soit ou non utilisé par les pays ou dans l'Inventaire.

Les subventions aux énergies fossiles sont exprimées dans la même unité et rapportées à la même base que le TEC. Elles sont retranchées du TEC pour obtenir le TEC net, c'est-à-dire déduction faite de ces subventions.

Le montant du soutien aux énergies fossiles pris en compte est plus élevé dans le TEC net que dans le TEC standard. Le calcul du TEC net fait intervenir un plus grand nombre d'hypothèses. En particulier, les taux des subventions aux énergies fossiles ne sont généralement pas observés directement, mais doivent être estimés. À l'inverse, le montant des éléments du TEC standard est directement observable. Dans le cas des droits d'accise sur les produits énergétiques ou des taxes carbone, les taux sont fixés par les pouvoirs publics. Dans celui des systèmes d'échange de quotas d'émission, les prix sont observés sur le marché.

Source : (OCDE, à paraître[9])

Les mesures prises récemment en réaction à la montée des prix de l'énergie qui a débuté au deuxième semestre 2021 et s'est amplifiée au premier semestre 2022 n'apparaissent pas encore dans les données. On peut néanmoins supposer qu'elles ont entraîné une diminution notable des taux effectifs sur le carbone. La France, par exemple, a mis en place temporairement une remise de 15 centimes par litre sur les carburants routiers (essence et gazole). Dans le cas de l'essence, cela correspond à une réduction de la taxe carbone d'environ 66 EUR par tonne de CO_2. À titre de comparaison, en France, la taxe carbone à proprement parler (qui est une composante des taxes intérieures sur les consommations de produits énergétiques) s'établit actuellement à 44,6 EUR/t CO_2 (voir aussi Encadré 2.2).

Encadré 2.3. Réactions des pouvoirs publics aux récentes hausses des prix énergétiques

La fiscalité de l'énergie est l'un des principaux leviers actionnés par les gouvernements en réaction à l'augmentation des prix de l'énergie. Pour protéger les consommateurs des effets de cette augmentation, les pouvoirs publics ont le plus souvent abaissé les droits d'accise, principalement sur les produits pétroliers. Dès le milieu de l'année 2021, l'Estonie a décidé que les droits d'accise minorés appliqués aux combustibles et à l'électricité en 2020 dans le contexte de la pandémie de COVID-19 resteraient en vigueur au moins jusqu'en 2022, avant d'augmenter progressivement pour retrouver leur niveau normal en 2026. À partir de mars 2022, beaucoup d'autres pays ont également abaissé les droits d'accise sur les produits pétroliers. Dans le cas de l'essence, cette baisse a été de 0.3 EUR par litre en Allemagne, 0.25 EUR en Italie et 0.2 EUR en Irlande, ce qui correspond à une diminution du taux par tonne de CO_2 de respectivement 133 EUR, 111 EUR et 89 EUR. Dans d'autres pays, les baisses ont été plus limitées, ce qui tient aussi au fait que la fiscalité était plus faible au départ (Hongrie, Pologne...).

Par ailleurs, plusieurs pays ont décidé de mettre en place des subventions aux énergies fossiles ou de les augmenter, en ayant recours à des mécanismes de remboursement *ad hoc* (comme la France, par exemple) ou à des fonds de stabilisation des prix préexistants (Chili, Pérou...).

Graphique 2.1. Baisse des droits d'accise et subventionnement de l'essence automobile dans certains pays, en EUR par tonne de CO_2

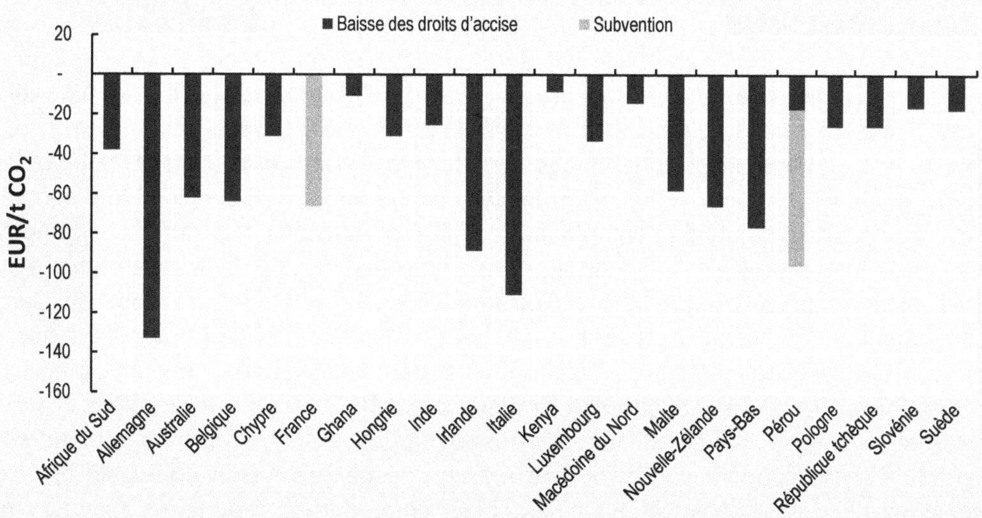

Certains pays, comme la Macédoine du Nord et le Kenya, ont également décidé de baisser la TVA (mesure non représentée dans le graphique ci-dessus). Des mesures de réduction de la TVA ont aussi été prises à partir de la fin 2021 en ce qui concerne le gaz naturel utilisé pour le chauffage, surtout dans des pays membres de l'UE (Croatie, Italie, Pologne et République tchèque, par exemple).

L'abaissement de la fiscalité, au même titre que les mesures de contrôle des prix, peut être classé dans la catégorie des mesures de stabilisation des prix. D'après les estimations, les mesures en ce sens prises depuis octobre 2021 jusqu'à décembre 2022 par 42 pays de l'OCDE et économies partenaires (y compris pour l'électricité) ont coûté plus de 160 milliards USD, et 94 % du soutien correspondant était non ciblé (Van Dender et al., 2022[10]). Ces mesures peuvent certes être justifiées à court terme pour protéger les ménages et les entreprises de la hausse soudaine des prix de l'énergie, mais elles ne sont sans doute pas viables à plus long terme en cas de persistance de prix élevés et peuvent avoir plusieurs autres effets négatifs :

- Si les prix sont maintenus artificiellement bas, les ménages et les entreprises sont moins incités à s'adapter en réduisant leur consommation et en privilégiant des énergies peu carbonées.
- La réglementation des prix peut infliger des pertes aux acteurs du marché de l'énergie et les dissuader d'investir à l'avenir.
- La diminution de la fiscalité a un coût important pour les finances publiques du fait des recettes fiscales non perçues, et elle risque d'être inefficiente, car non répercutée pleinement sur les prix au consommateur final du fait des tensions sur l'offre.
- Enfin, les mesures non ciblées profitent de façon disproportionnée aux consommateurs aisés.

Au vu des possibles effets néfastes des allégements fiscaux, il serait préférable de recourir à d'autres mesures plus ciblées, comme l'aide au revenu (transferts monétaires ciblées et limitées dans le temps, par exemple). Cela étant, certaines mesures de ce type peuvent exiger des capacités administratives relativement perfectionnées pour identifier et cibler convenablement, en fonction de différents critères (revenu, besoins énergétiques, etc.), ceux qui en ont le plus besoin.

Note : État au 10 mai 2022.
Source : OCDE (2022[11]), *Tax Policy Reforms 2022.* (Van Dender et al., 2022[10])

Évolution du périmètre : dans plusieurs pays, la part des émissions soumises à une tarification explicite du carbone a progressé

Dans les 71 pays examinés dans ce rapport, un taux effectif sur le carbone net (TEC net) positif s'applique à plus de 40 % des émissions de GES, contre 32 % en 2018[3]. Le Graphique 2.2 montre comment cette part y a évolué entre 2018 et 2021 pour chaque composante de l'indicateur de TEC net (voir chapitre 1). C'est la composante « systèmes d'échange de quotas d'émission » qui a enregistré la progression la plus importante, d'environ neuf points de pourcentage, du fait des nouveaux marchés du carbone apparus en Allemagne, au Canada et en Chine[4]. La part des émissions couvertes par la fiscalité carbone a augmenté d'environ un point de pourcentage, suite à l'instauration de prélèvements carbone au Canada et au Luxembourg, ainsi que d'une taxe carbone en Afrique du Sud en 2019[5]. En conséquence, 25 % des émissions de GES étaient concernées en 2021 par un système d'échange de quotas d'émission (SEQE), une taxe carbone ou les deux. La part des émissions de GES visées par les droits d'accise sur les combustibles et carburants, qui constituent une forme implicite de tarification du carbone couramment employée dans le secteur des transports routiers (mais qui concerne aussi les combustibles de chauffage, surtout en Europe), est restée à 24 %[6]. Il y a désormais, en proportion, à peu près autant d'émissions de GES soumises aux taxes carbone ou systèmes d'échange de quotas d'émission (ou aux deux à la fois)[7] qu'aux droits d'accise sur les produits énergétiques. Les subventions aux énergies fossiles qui contrecarrent le signal-prix du carbone émanant des autres instruments concernent quelque 22 % des émissions de GES, proportion inchangée par rapport à 2018.

Graphique 2.2. Évolution de la part en % des émissions de GES soumises à un prix positif dans les 71 pays confondus, par instrument, 2018-21

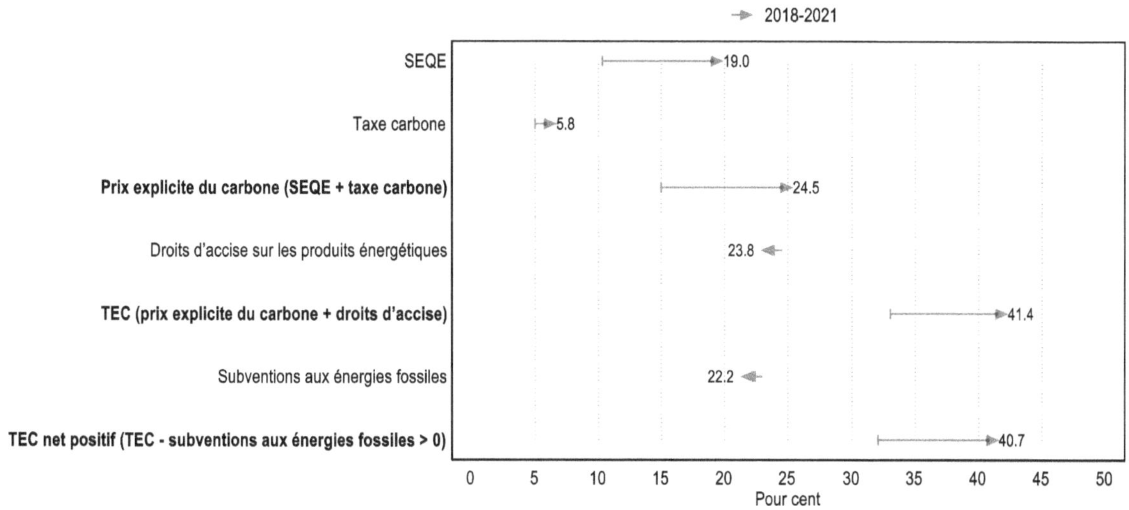

Note : Les estimations des émissions concernées par les SEQE reposent sur les taux effectifs du carbone 2021 établis par l'OCDE (2021[12]), corrigés de l'évolution récente des parts d'émissions couvertes. Les estimations des subventions aux énergies fossiles reposent sur l'Inventaire des mesures de soutien aux énergies fossiles ou, pour les pays qui n'y figurent pas, sur des études originales (OCDE, à paraître[9]). En raison de limitations liées aux données disponibles, des données de 2020 ont servi de base pour estimer ces subventions pour 2021. Les émissions de GES désignent la somme des émissions de CO_2 liées aux énergies fossiles, calculées à partir des données 2018 sur la consommation d'énergie de l'AIE (2020[13]), et des émissions des « autres GES » selon Climate Watch (2020[14]). Les pourcentages sont arrondis à la première décimale.

StatLink https://stat.link/hwxdyb

La part des émissions visées par les instruments de tarification du carbone continue de varier d'un secteur à l'autre, et les hausses récemment observées se concentrent dans le secteur de l'électricité. Le Graphique 2.3 montre comment la part des émissions faisant l'objet d'une tarification a évolué par secteur dans les 71 pays étudiés entre 2018 et 2021. Dans le secteur de l'électricité, 64 % des émissions sont désormais concernées, contre 34 % auparavant. Cette hausse découle de l'établissement d'un SEQE dédié au secteur en Chine et à l'expansion du régime canadien de tarification du carbone, qui ont augmenté de 20 % à 54 % la proportion des émissions des 71 pays soumises à un prix explicite du carbone. En outre, aux États-Unis, la part des émissions du secteur de l'électricité intégrées aux marchés carbone est passée de 7 % à presque 10 % avec l'adhésion du New Jersey et de la Virginie, respectivement en 2020 et 2021, à l'initiative régionale de réduction des gaz à effet de serre (RGGI). Au Mexique, la réforme de la tarification du carbone menée au niveau infranational a fait passer la part des émissions du secteur de l'électricité couvertes de 45 % à 49 %[8].

Dans le transport routier, les droits d'accise continuent de couvrir la quasi-totalité des émissions (91 %). Le principal changement observé dans ce secteur est la mise en place, en Afrique du Sud, en Allemagne, au Canada et au Luxembourg, de systèmes de tarification explicite du carbone, en complément des droits d'accise sur les carburants déjà existants.

Dans l'agriculture et la pêche, la part des émissions de CO_2 provenant des énergies fossiles auxquelles est appliqué un TEC net positif est passée de 34 % à 48 %. Cette hausse doit beaucoup à la diminution des subventions sectorielles au gazole en Chine (en lien avec la baisse des prix du pétrole), sachant que ces subventions se traduisaient auparavant par des TEC nets inférieurs à zéro pour leurs bénéficiaires. Les émissions de GES du secteur sont dominées par le méthane, qui entre dans la catégorie des « autres GES » et n'est généralement pas visé par les instruments de tarification du carbone (Encadré 2.4).

Dans les transports non routiers, les bâtiments et l'industrie, la part des émissions couvertes a peu évolué. Ce sont les émissions d'« autres GES » qui affichent avec 4 % la plus faible couverture. Il est à noter que cette catégorie comprend les émissions de CO_2 de la fabrication de ciment qui ne proviennent pas de combustibles fossiles, et qui sont visées, par exemple, par le SEQE-UE. En outre, certains pays appliquent des taxes spécifiques aux gaz fluorés ou intègrent ceux-ci dans leurs systèmes d'échange de quotas d'émission[9].

Graphique 2.3. Évolution de la part en % des émissions de GES soumises à un prix positif dans les 71 pays confondus, par secteur, 2018-21

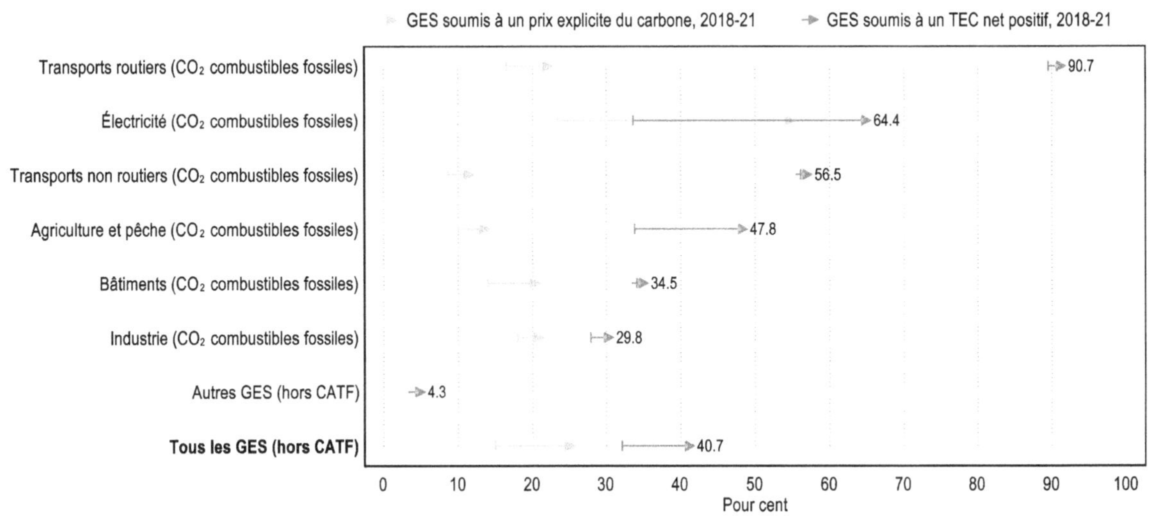

Note : Les estimations des émissions concernées par les SEQE reposent sur les Taux effectifs sur le carbone 2021 établis par l'OCDE (2021[12]), ponctuellement corrigés de l'évolution récente des parts d'émissions couvertes. Les estimations des subventions aux énergies fossiles reposent sur les données relatives aux transferts budgétaires provenant de l'Inventaire des mesures de soutien aux énergies fossiles ou, pour les pays qui n'y figurent pas, sur des études originales (OCDE, à paraître[9]). Les estimations concernant les subventions aux énergies fossiles pour 2021 portent sur 2020. Les émissions de GES désignent la somme des émissions de CO_2 liées aux énergies fossiles, calculées à partir des données 2018 sur la consommation d'énergie de l'AIE (2020[13]), et des émissions des « autres GES » selon Climate Watch (2020[14]). Les pourcentages sont arrondis à la première décimale.

StatLink https://stat.link/c4h5sw

Encadré 2.4. Politiques influençant les émissions de GES autres que le CO_2 dans le secteur AFAT

Le secteur de l'agriculture, de la foresterie et des autres affectations des terres (AFAT) devrait jouer un rôle de plus en plus important dans l'atténuation du changement climatique et les trajectoires d'évolution des pays vers la neutralité GES. Très variables d'un pays à l'autre, ces émissions de GES sont composées de méthane (CH_4) provenant surtout de l'élevage et de la riziculture, d'oxyde nitreux (N_2O) dégagé par les sols, en raison notamment de l'épandage d'engrais, et de CO_2 libéré principalement lors de changements d'affectation des terres. Elles progressent lentement dans les pays de l'OCDE depuis quelques années, mais ont été en partie découplées de la production[10].

Estimée à 22 % par le GIEC, la part du secteur AFAT dans les émissions mondiales de GES devrait augmenter sous l'effet de la hausse des émissions agricoles et de la baisse des émissions ou du ralentissement de leur croissance dans d'autres secteurs. Parallèlement, ce secteur peut jouer un rôle clé dans la séquestration du carbone grâce aux sols agricoles, aux forêts et à la biomasse, et aider ainsi à réaliser les ambitions de neutralité GES.

À l'heure actuelle, les pouvoirs publics ne déploient que des efforts limités pour réduire les émissions de GES du secteur AFAT, surtout en agriculture (qui est à l'origine de plus de la moitié des émissions du secteur). Sur les 54 pays dont l'OCDE assure le suivi systématique des politiques agricoles, seuls 16 ont défini sous une forme ou une autre un objectif d'atténuation pour leur secteur agricole. Ceux qui l'ont fait ont surtout eu recours à des mesures facultatives, consistant par exemple à rémunérer les exploitants qui adoptent des pratiques potentiellement respectueuses du climat, plutôt qu'à des mesures de tarification du carbone obéissant au principe pollueur-payeur. Le Tableau 2.1 montre les principaux instruments employés pour réduire les émissions de GES du secteur qui ciblent la production. L'évolution des régimes alimentaires, en particulier la diminution de la consommation de viande rouge, pourrait également faire baisser sensiblement les émissions de GES d'origine agricole. Les instruments agissant sur la demande, comme ceux visant à réduire les pertes et le gaspillage alimentaires et à faire évoluer les préférences des consommateurs (y compris par la sensibilisation), sont sans doute plus efficaces à long qu'à court terme et n'ont pas été appliqués assez souvent (que ce soit dans le cadre d'études de modélisation ou en pratique) pour qu'on puisse en apprécier l'efficacité.

Instrument d'action	Exemples d'application au secteur AFAT
Systèmes d'échange de quotas d'émission (SEQE)	Nouvelle-Zélande (horizon 2025) : prix du marché appliqué par exploitation agricole (CH_4) et taxe sur les engrais appliquée à l'industrie (N_2O)
Subventions au titre de l'atténuation	Fonds de réduction des émissions (ERF) en Australie (crédits d'émission attribués par voie d'enchères)
Compensation carbone	Alberta et Québec, Californie
Soutien à l'agriculture	Programmes de paiements agroenvironnementaux dans le cadre de la politique agricole commune de l'Union européenne (UE), Canada et autres pays de l'OCDE
Programmes de boisement	Irlande, Nouvelle-Zélande, Chine (programme de boisement de surfaces céréalières « Grains for Green »)
Primes	États-Unis (biogaz), Chine (engrais), Australie (énergie)
Prêts à conditions préférentielles	Brésil (programme ABC)
REDD+ (paiements liés à l'utilisation des terres)	Certains pays en développement élaborent leurs stratégies
Réglementation du déboisement	Brésil (code forestier) et Indonésie (interdiction)
Réglementations antipollution	Directive nitrates et lutte contre la pollution par les nitrates (UE)
R-D	De nombreux pays – Alliance mondiale de recherche
Transfert de connaissances aux exploitants	Irlande, France et autres pays

Les initiatives fondées sur le marché qui aboutissent directement ou par le jeu de la concurrence à une tarification des émissions sont notamment les suivantes :

- le plan de la Nouvelle-Zélande visant à instaurer d'ici à 2025 une tarification des émissions agricoles au niveau des exploitations concernant l'élevage (CH_4) et sous l'impulsion des industriels concernant les engrais (N_2O) ;
- le Fonds de réduction des émissions en Australie ;
- les systèmes de compensation carbone en Amérique du Nord.

Si les efforts d'atténuation sont relativement lents, c'est en partie parce que le secteur agricole est censé contribuer à plusieurs autres Objectifs de développement durable (ODD) – qu'il s'agisse de faire progresser la sécurité alimentaire et la nutrition dans le monde, de faire refluer la pauvreté ou de favoriser la réalisation d'autres objectifs concernant l'environnement et les ressources naturelles – et résister parallèlement à une multitude de risques liés au climat et aux marchés.

Les gouvernements doivent donc redoubler d'efforts pour atteindre leurs objectifs de plus en plus ambitieux et faire en sorte que le secteur AFAT contribue concrètement à la réduction des émissions de GES sans nuire à la sécurité alimentaire ni à la concrétisation de leurs autres ambitions déclarées.

En premier lieu, cela nécessite l'adoption d'ensembles de mesures d'atténuation à la fois efficaces et équilibrés. Comme le montre une étude publiée en 2021 par l'OCDE (Henderson et al., 2021[15]), en recourant à une panoplie complète de mesures associant des taxes sur les émissions et des récompenses au titre de la séquestration du carbone, il serait possible de réduire de jusqu'à 90 % les émissions mondiales du secteur AFAT d'ici à 2050, moyennant des prix du carbone compatibles avec des efforts macroéconomiques de limitation du réchauffement planétaire à 2 °C.

Parallèlement, le choix des instruments et la conception des politiques comptent. Un système efficace de tarification des émissions de GES d'origine agricole pourrait créer des incitations à opérer la transition vers une agriculture à faibles émissions. Il apparaît qu'une taxe carbone mondiale ciblant le secteur AFAT serait deux fois plus efficace pour faire reculer les émissions qu'une subvention d'une valeur équivalente au titre de l'atténuation, car la seconde n'empêcherait pas les gros émetteurs de poursuivre leur activité (Henderson et al., 2021[15]). Cela étant, comme la taxation des émissions fait aussi baisser de 3-8 % la production agricole mondiale et de 2-4 % la consommation par habitant, elle suscite, contrairement aux subventions au titre de l'atténuation, des préoccupations pour la sécurité alimentaire. Par ailleurs, si les taxes produisent des recettes, les subventions occasionnent des dépenses publiques qui peuvent être difficilement soutenables dans le temps à l'échelle nécessaire. Pour maximiser le potentiel de séquestration du carbone, il faut en outre définir des contrats qui garantissent l'additionnalité, la permanence et des coûts de transaction peu élevés.

En second lieu, les gouvernements devraient aussi réformer les mesures de soutien à l'agriculture qui peuvent être préjudiciables à l'environnement, pour tout à la fois limiter les émissions, stimuler des activités d'innovation, de recherche et de développement qui font progresser la productivité agricole de façon durable et, le cas échéant, financer les paiements au titre de l'atténuation évoqués plus haut.

En troisième lieu, une application efficace de règlements environnementaux bien conçus et d'instruments d'information comme l'étiquetage peut contribuer largement à limiter les changements d'affectation des terres et à réduire les émissions correspondantes, notamment en faisant baisser le gaspillage et les déchets alimentaires et en misant sur les synergies entre les régimes alimentaires plus sains et ceux qui occasionnent moins d'émissions.

Source : (Henderson, Frezal et Flynn, 2020[16] ; Henderson et al., 2021[15] ; Henderson et al., 2022[17] ; OCDE, 2019[18] ; Groupe d'experts intergouvernemental sur l'évolution du climat, 2020[19])

La part des émissions de GES soumises à des prix nets du carbone positifs varie grandement au niveau mondial. C'est en Islande que cette part culmine, à 99 % ; elle y a même augmenté d'un point de pourcentage à la suite de l'instauration d'une taxe sur les gaz à effet de serre fluorés (HFC, PFC et SF_6) en 2020.

Les changements observés récemment en Afrique du Sud, en Allemagne, au Canada, en Chine, au Luxembourg, au Mexique et aux Pays-Bas[11] sont le résultat de la mise en place de nouvelles formes de tarification explicite du carbone. Au total, 39 des 71 pays examinés dans ce rapport sont à présent dotés d'instruments de tarification explicite du carbone, au niveau national ou infranational, ou participent au SEQE-UE.

L'élargissement de la tarification peut aussi découler de celui du champ d'application d'instruments déjà en place. Ainsi, le Portugal a commencé en 2018 à supprimer un certain nombre d'exonérations de droits d'accise et de taxe carbone, notamment sur le charbon, ce qui a contribué à l'arrêt de la production d'électricité à partir de charbon à la fin 2021 (AIE, 2021[20]). En Colombie et en Égypte, la révision à la baisse des subventions aux énergies fossiles a été pour beaucoup dans l'augmentation de la part des émissions de GES ayant un TEC net positif.

Graphique 2.4. Évolution de la part en % des émissions de GES soumises à un prix positif, par pays, 2018-21

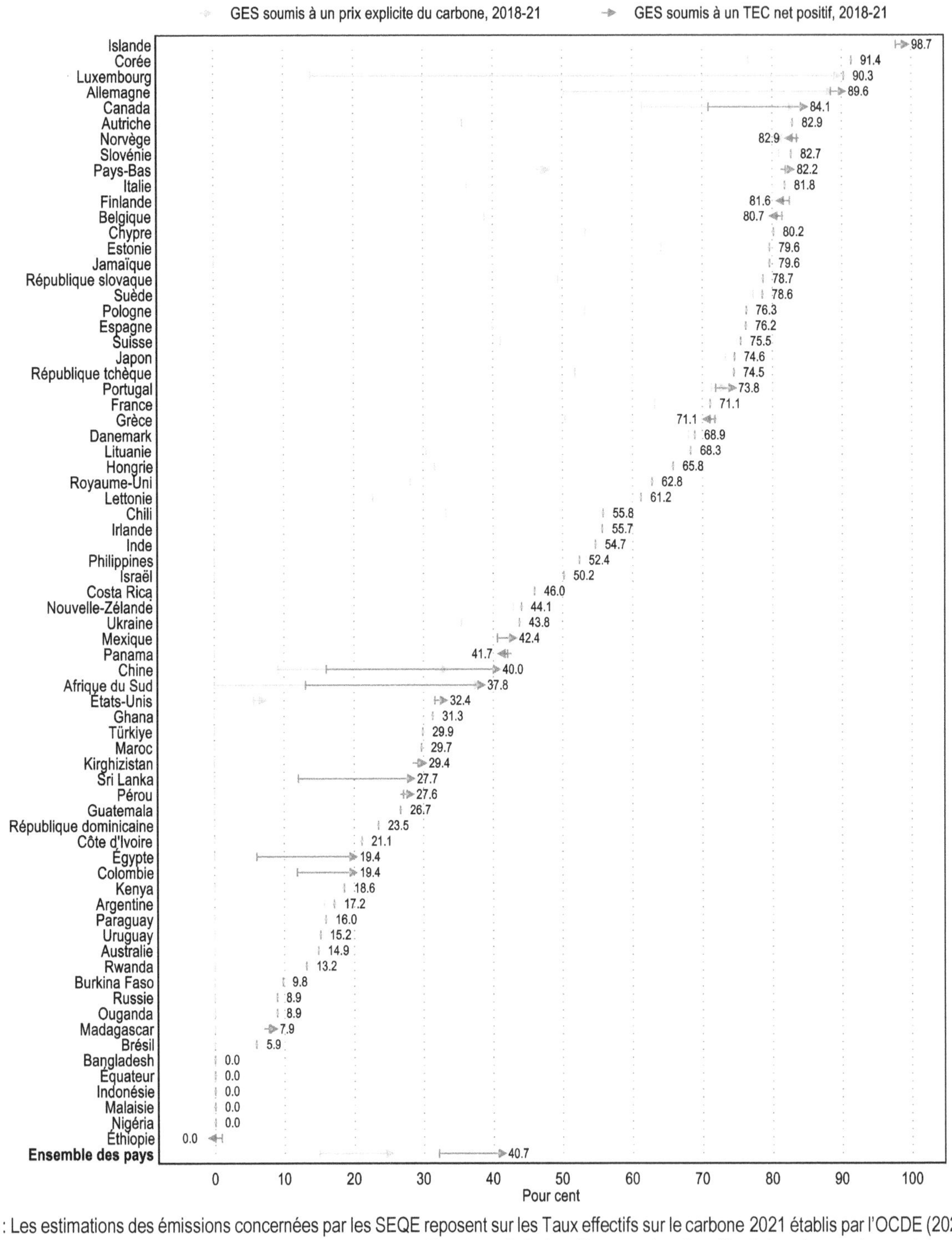

Note : Les estimations des émissions concernées par les SEQE reposent sur les Taux effectifs sur le carbone 2021 établis par l'OCDE (2021[12]), corrigés de l'évolution récente des parts d'émissions couvertes. En raison de limites liées aux données, l'évolution récente du marché carbone coréen, qui a fait croître d'environ 2 points de pourcentage la part des émissions couvertes (ICAP, 2021[21]), n'a pas été prise en compte dans l'exercice de modélisation. Les estimations des subventions aux énergies fossiles reposent sur l'Inventaire des mesures de soutien aux énergies fossiles ou, pour les pays qui n'y figurent pas, sur de nouvelles études (OCDE, à paraître[9]). Les estimations concernant les subventions aux énergies fossiles pour 2021 reposent sur les données de 2020. Les émissions de GES désignent la somme des émissions de CO_2 liées aux énergies fossiles, calculées à partir des données 2018 sur la consommation d'énergie de l'AIE (2020[13]), et des émissions des « autres GES » selon Climate Watch (2020[14]). Les pourcentages sont arrondis à la première décimale.

StatLink https://stat.link/hcfq23

Évolution des niveaux de prix du carbone : des progrès inégaux selon les instruments, les secteurs, les combustibles et les pays

Les prix explicites du carbone ont beaucoup augmenté dans certains pays. Dans le cadre du SEQE-UE, le prix moyen s'est élevé à 53 EUR par tonne d'équivalent CO_2 en 2021, soit plus de trois fois celui relevé en 2018 en termes réels (17 EUR)[12]. Sur le nouveau marché carbone du Royaume-Uni, les quotas se sont échangés à environ 56 EUR en 2021. La hausse est également importante au Canada, où le prix du carbone fixé au titre du « filet de sécurité » a été porté à 40 CAD (soit environ 30 EUR). En Chine, le prix sur le nouveau marché carbone, qui concerne dans un premier temps le secteur de l'électricité, était de 50 CNY (environ 6 EUR) par tonne d'équivalent CO_2 en moyenne. Les émissions non couvertes par le SEQE-UE que cible le nouveau SEQE allemand se sont échangées au prix de 25 EUR/t éq CO_2.

Tous pays confondus, l'évolution du prix explicite moyen du carbone est moins marquée. Comme indiqué dans le Graphique 2.5, il est passé de 1.78 EUR à 4.29 EUR en moyenne entre 2018 et 2021, tandis que le prix moyen défini par les SEQE est passé de 1.20 EUR à 3.59 EUR. Les taxes carbone se sont élevées à 0.71 EUR en moyenne en 2021, en hausse de 0.13 EUR par rapport à 2018. Si cette augmentation a été plus faible, c'est avant tout parce que les prix explicites du carbone ont concerné un quart seulement des émissions de GES en 2021 (voir Graphique 2.2) et sont restés relativement bas dans plusieurs grands pays.

Malgré l'évolution favorable des prix explicites du carbone observée depuis peu, les TEC nets restent dominés par les droits d'accise sur les carburants et combustibles, dont le montant moyen, en léger recul par rapport à 2018 en valeur réelle, s'est élevé à 13 EUR en 2021. Tous pays confondus, le TEC net moyen – somme des prix explicites du carbone et des droits d'accise sur les produits carburants et combustibles, déduction faite des subventions aux énergies fossiles – a atteint 17 EUR en 2021, ce qui représente environ 3 EUR de plus qu'en 2018. Les subventions aux énergies fossiles et les taxes carbone sont d'ampleur équivalente, si bien que l'effet net des unes et des autres est quasiment nul en moyenne.

Graphique 2.5. Prix effectifs moyens du carbone en EUR/t éq CO_2, par instrument, tous pays confondus, 2018-21

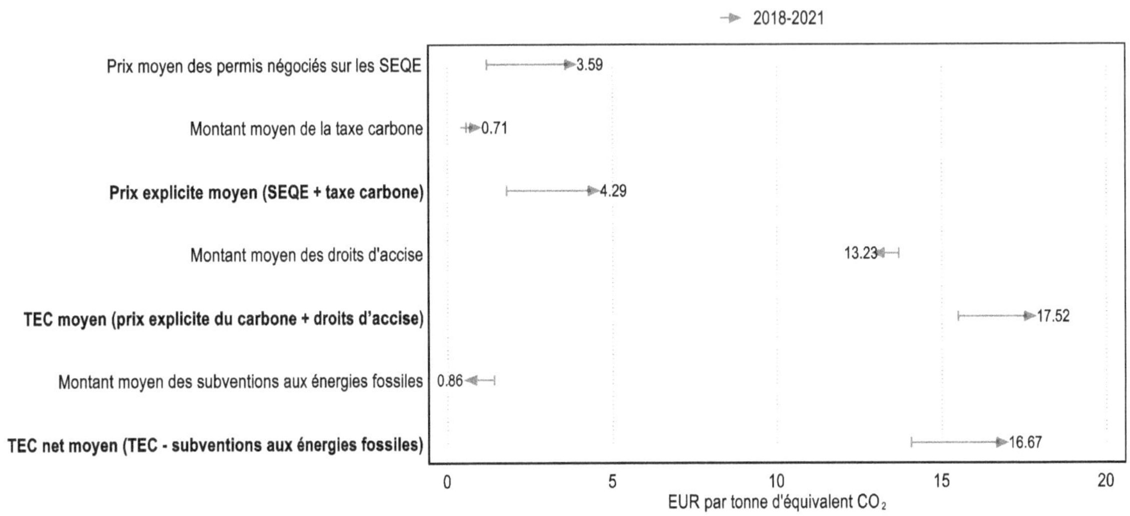

Note : Les prix indiqués sont des moyennes établies pour l'ensemble des émissions de GES des 71 pays, y compris celles échappant à tout dispositif de tarification du carbone. Tous les prix sont exprimés en EUR réels de 2021 et calculés sur la base des dernières données de l'OCDE relatives aux taux de change et à l'inflation ; les fluctuations de l'inflation et des taux de change peuvent donc avoir une incidence sur la variation indiquée. Les prix sont arrondis au centime d'euro le plus proche. Les estimations concernant les subventions aux énergies fossiles pour 2021 reposent sur les données de 2020.

StatLink https://stat.link/ub68ap

Le TEC net le plus élevé est toujours enregistré dans le transport routier. Comme le montre le Graphique 2.6, dans ce secteur, le TEC net tous pays confondus s'élève en moyenne à 89 EUR par tonne d'équivalent CO_2, valeur quasiment inchangée par rapport à 2018. Cela tient au niveau relativement élevé des droits d'accise appliqués dans ce secteur (Graphique 2.10) et à leur vaste champ d'application évoqué précédemment.

En dehors du secteur routier, le TEC net moyen demeure nettement plus bas. Les émissions des « autres GES » sont celles qui sont soumises au TEC net le plus faible, même s'il est passé de 0.5 à 1 EUR/t éq CO2. Viennent ensuite l'industrie (où le TEC net est passé de 3 EUR à 6 EUR) et le secteur de l'électricité (où il est passé de 3 à 8 EUR, avec cependant une forte hétérogénéité entre les pays, comme on le verra plus loin). Les prix explicites du carbone montent dans tous les secteurs, et surtout dans celui de l'électricité, où ils ont augmenté de 5 EUR par tonne d'équivalent CO_2 entre 2018 et 2021.

Graphique 2.6. Prix effectifs moyens du carbone en EUR/t éq CO_2, par secteur, tous pays confondus, 2018-21

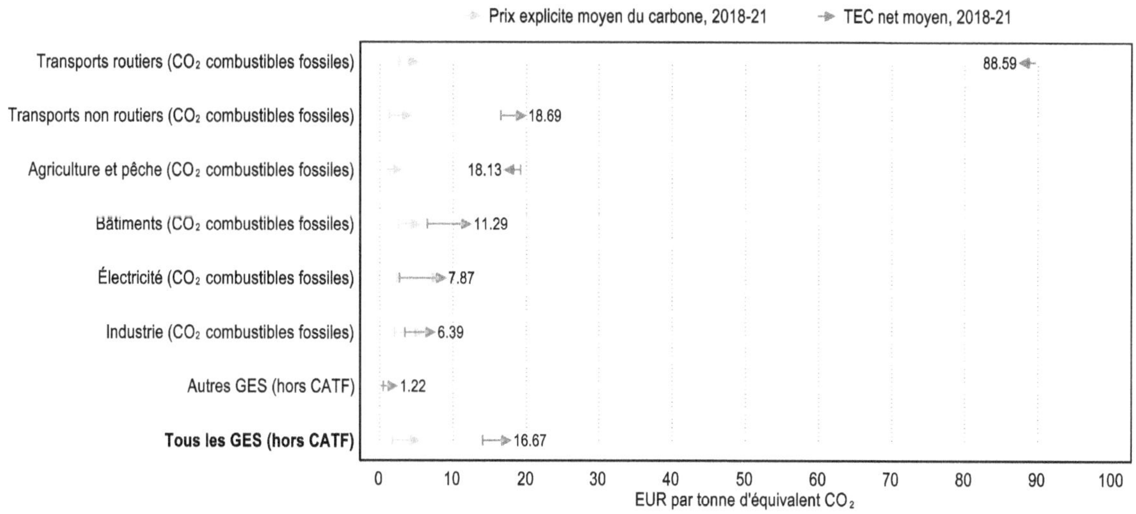

Note : Les prix indiqués sont des moyennes établies pour l'ensemble des émissions de GES des 71 pays, y compris celles échappant à tout dispositif de tarification du carbone. Tous les prix sont exprimés en EUR réels de 2021 et calculés sur la base des dernières données de l'OCDE relatives aux taux de change et à l'inflation ; les fluctuations de l'inflation et des taux de change peuvent donc avoir une incidence sur la variation indiquée. Les prix sont arrondis au centime d'euro le plus proche. Les estimations concernant les subventions aux énergies fossiles pour 2021 reposent sur les données de 2020.

StatLink https://stat.link/u7ag3d

Les prix du carbone ont augmenté pour tous les combustibles fossiles, comme le montre le Graphique 2.7. Les hausses enregistrées récemment sont souvent dues à des augmentations des prix explicites du carbone. Cela étant, les carburants utilisés principalement dans les transports routiers restent soumis à un TEC net moyen notablement plus élevé que les autres carburants. Le TEC net s'établit à 72 EUR dans le cas du gazole et à 88 EUR dans celui de l'essence, soit plus de dix fois celui appliqué au charbon (6 EUR), qui est pourtant souvent considéré comme le combustible fossile le plus polluant en raison de sa contribution à la pollution atmosphérique, qui vient s'ajouter à ses effets sur le climat.

Graphique 2.7. Prix effectifs moyens du carbone en EUR/t éq CO_2, par combustible, tous pays confondus, 2018-21

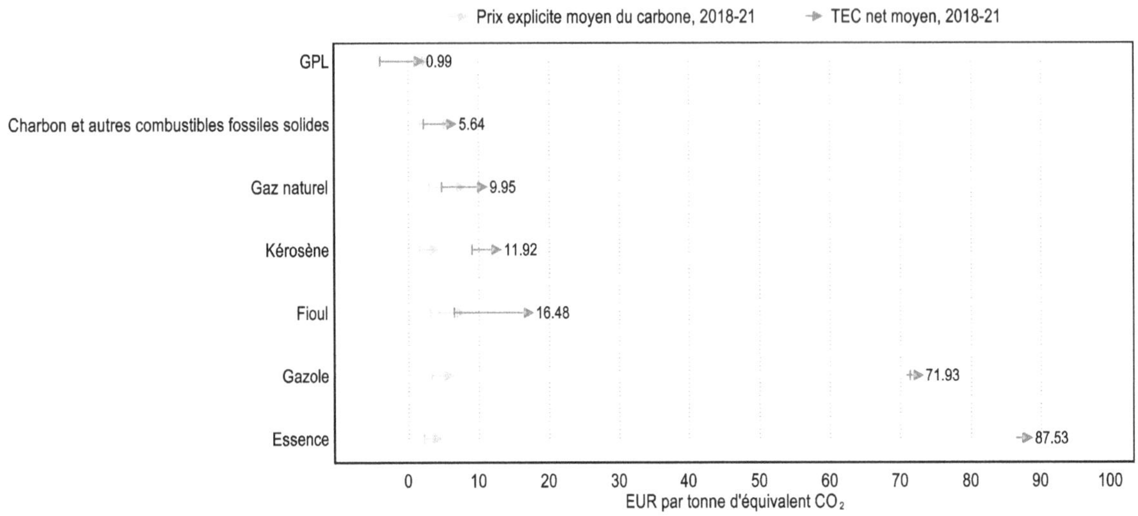

Note : Les prix effectifs du carbone sont des moyennes établies pour l'ensemble des émissions de CO_2 provenant de chaque combustible fossile, y compris celles échappant à tout dispositif de tarification du carbone. Les estimations concernant les subventions aux énergies fossiles (qui sont l'une des composantes du TEC net) pour 2021 reposent sur les données de 2020.

StatLink https://stat.link/4qcah8

Les prix du carbone ont évolué différemment selon les pays depuis 2018. Le Graphique 2.7 montre que les prix effectifs ont continué d'augmenter dans les pays où ils culminaient déjà en 2018. Cette évolution s'explique avant tout par l'augmentation des prix explicites du carbone, principalement sous l'effet du renchérissement des quotas sur les marchés carbone, dans les pays participant au SEQE-UE, mais aussi au Canada, en Nouvelle-Zélande et au Royaume-Uni. En 2021, l'Allemagne a ajouté au SEQE-UE un SEQE national qui cible les combustibles de chauffage et les carburants de transport. L'évolution de la fiscalité du carbone a également joué dans certains pays, que ce soit parce qu'ils ont instauré des taxes carbone (le Luxembourg en 2021, et l'Islande en 2020 pour les gaz fluorés), relevé leur taux (la Finlande, l'Irlande, l'Islande et la Norvège, par exemple) ou supprimé progressivement les exonérations (le Portugal et la Suède, par exemple). Au Canada, l'augmentation des prix explicites du carbone découle des normes nationales minimales de tarification plus strictes du modèle fédéral, devenues exécutoires avec l'entrée en vigueur du système de filet de sécurité fédéral concernant la pollution par le carbone[13].

Les droits d'accise sur les combustibles et carburants et les fluctuations des taux de change ont eu un effet mitigé sur l'évolution du TEC net dans les pays où celui-ci était déjà relativement élevé au départ ; l'inflation a exercé des pressions à la baisse sur le TEC net moyen (qui est exprimé en EUR réels). Parmi ces pays, ce sont surtout les Pays-Bas qui ont enregistré un effet positif notable des droits d'accise sur les produits énergétiques, ceux frappant le gazole, l'essence et le gaz naturel ayant augmenté. Le montant de certains droits d'accise a aussi augmenté au Danemark, en Lettonie et en Suisse, mais pas autant qu'aux Pays-Bas. À l'inverse, plusieurs pays ont abaissé le montant des droits d'accise sur certains carburants et combustibles, en particulier la Belgique, Chypre et l'Estonie. Comme ces droits ne sont souvent pas indexés sur l'inflation, certains ont diminué en termes réels. Dans certains cas, les pressions à la hausse exercées sur les TEC nets par le relèvement des taxes carbone ont été en partie compensées par l'allégement des droits d'accise (c'est le cas pour l'essence au Luxembourg et au Portugal, par exemple). L'appréciation de la monnaie nationale par rapport à l'euro explique la moitié environ de l'augmentation du TEC net moyen en Suisse, et la quasi-totalité de sa hausse en Israël, où le montant des droits d'accise exprimé en nouveaux shekels n'a presque pas varié à prix constants. Au contraire, le TEC net moyen aurait augmenté plus fortement en Islande, et dans une moindre mesure en Hongrie et en Norvège, si la monnaie de ces pays ne s'était pas dépréciée par rapport à l'euro.

Dans l'ensemble, le TEC net moyen a moins souvent augmenté dans les pays où il était relativement bas en 2018. Cependant, les subventions aux énergies fossiles ont baissé sensiblement en Colombie, en Équateur, en Égypte, au Panama, en Malaisie et au Nigéria, où le TEC net moyen a de ce fait augmenté. En Colombie, ce sont avant tout les subventions aux carburants automobiles qui ont baissé, en conséquence de la faiblesse des prix internationaux du pétrole enregistrés en 2020 par rapport à 2018. L'Égypte a mené à bien une grande réforme des subventions aux énergies fossiles en 2019 et instauré un mécanisme d'indexation des prix de l'énergie. L'Équateur s'est doté d'un nouveau système d'ajustement mensuel des prix des carburants qui, conjugué à la baisse des prix internationaux du pétrole, explique le recul des subventions. Au Panama, les subventions au GPL ont diminué. En Malaisie, les subventions aux énergies fossiles ont baissé, sans que les pouvoirs publics interviennent, sous l'effet du recul des prix du pétrole. Quant au Nigéria, il a temporairement mis fin aux subventions pétrolières en 2020 (mais les a rétablies depuis lors). Par ailleurs, l'Inde, le Kirghizistan et les Philippines ont relevé les droits d'accise sur les produits énergétiques. Le cas de l'Inde est intéressant, dans la mesure où ce pays a augmenté le montant des droits d'accise pour lever des recettes en 2020, à un moment où les prix internationaux du pétrole étaient bas.

Dans les pays où le TEC net moyen était déjà peu élevé en 2018, il a parfois accusé une nouvelle baisse. Dans certains cas, c'est parce que les droits d'accise sur les carburants ont diminué. Au Chili et en Côte d'Ivoire, par exemple, les droits d'accise sur l'essence automobile ont été réduits. Dans d'autres cas, comme en Indonésie, ce sont les subventions aux énergies fossiles qui ont augmenté.

Dans les pays où les taux en euros réels (représentés dans le Graphique 2.8) ont baissé, ce n'est pas toujours parce que les TEC nets nominaux dans la monnaie nationale ont diminué. Cette baisse peut aussi résulter de l'inflation ou d'une dépréciation de la monnaie par rapport à l'euro, qui peut compenser en partie, voire en totalité la hausse des prix nominaux intérieurs. C'est ce qui s'est passé en particulier en Argentine, où une forte dépréciation du peso par rapport à l'euro – conjuguée à l'inflation intérieure – a plus que compensé le relèvement des taxes. En effet, les taux nominaux des droits d'accise et de la taxe carbone exprimés en pesos ont tous les deux augmenté, et les subventions aux énergies fossiles ont en outre légèrement diminué. De même, en Afrique du Sud, l'augmentation des droits d'accise et de la taxe carbone a été légèrement supérieure à l'inflation, mais le TEC net moyen est resté en gros inchangé parce que le rand a perdu de sa valeur face à l'euro. Au Ghana, au Kenya et en Uruguay, le montant nominal des droits d'accise sur les carburants a progressé *grosso modo* au rythme de l'inflation, mais le TEC net moyen a reculé pour cause de dépréciation de la monnaie nationale. En Türkiye, malgré la hausse des droits d'accise sur les carburants, le TEC net moyen est en baisse en raison de l'inflation et de la dépréciation du taux de change.

Graphique 2.8. Prix effectifs moyens du carbone en EUR/t éq CO_2, par pays, 2018-21

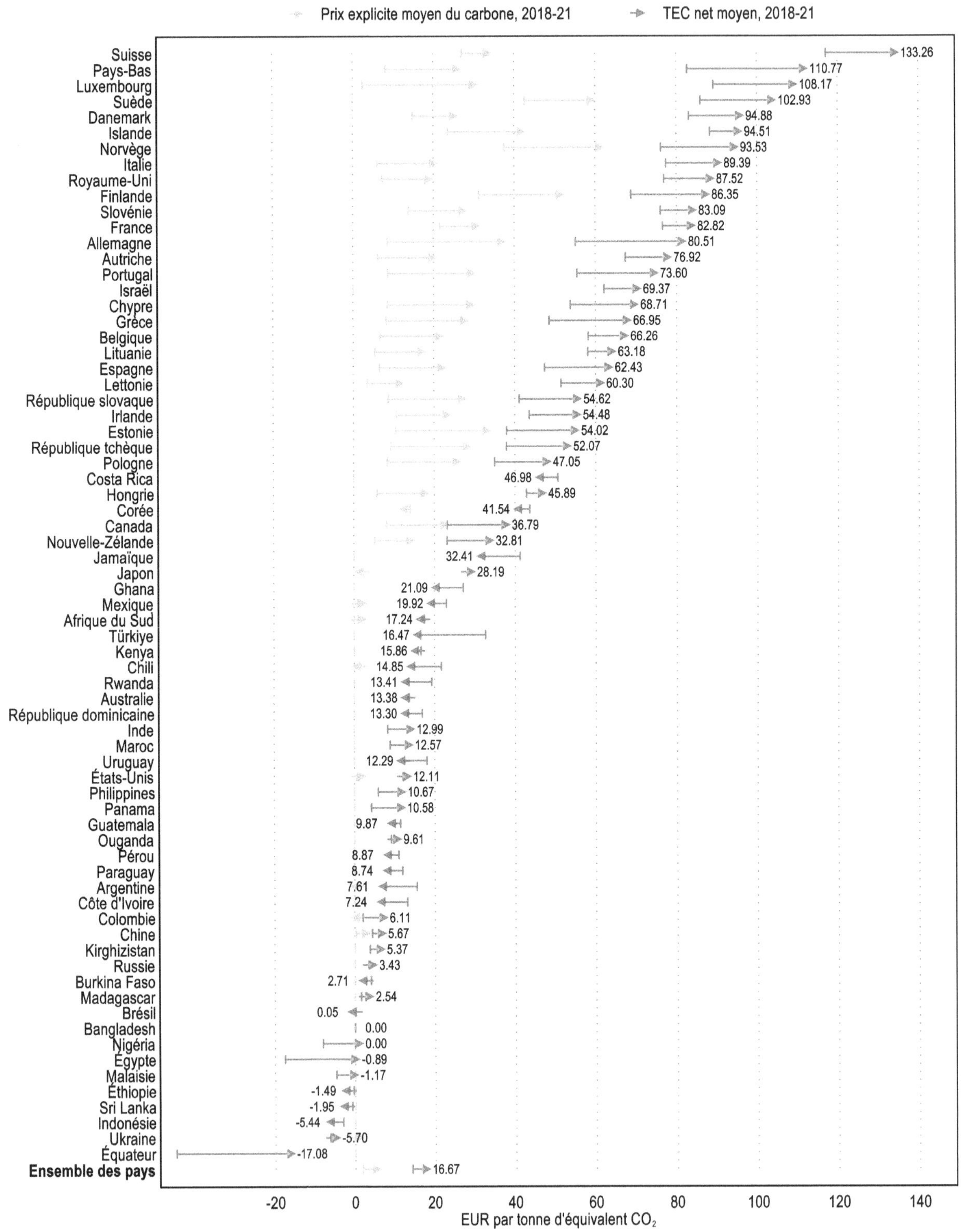

Note : Les prix effectifs du carbone indiqués sont des moyennes établies pour l'ensemble des émissions de GES des 71 pays (hors secteur CATF), y compris celles échappant à tout dispositif de tarification du carbone. Les estimations concernant les subventions aux énergies fossiles (qui sont l'une des composantes du TEC net) pour 2021 reposent sur les données de 2020. Tous les prix sont exprimés en EUR réels de 2021 et calculés sur la base des dernières données de l'OCDE relatives aux taux de change et à l'inflation ; les fluctuations de l'inflation et des taux de change peuvent donc avoir une incidence sur la variation indiquée. Les prix sont arrondis au centime d'euro le plus proche.

StatLink https://stat.link/v0dibg

La tarification du carbone reste hétérogène, y compris dans l'industrie et le secteur de l'électricité

Etant donné que les avancées intervenues en matière de tarification du carbone et de réforme des subventions aux énergies fossiles sont très variables, la forte asymétrie de la distribution des prix effectifs du carbone n'est guère surprenante. Le Graphique 2.9 montre que moins de 9 % des émissions de GES font l'objet d'un TEC net supérieur à 60 EUR, valeur qui correspond à l'estimation moyenne des coûts induits par le carbone à l'heure actuelle (OCDE, 2021[22]).

Graphique 2.9. La distribution des émissions de GES en fonction des prix effectifs du carbone était très asymétrique en 2021

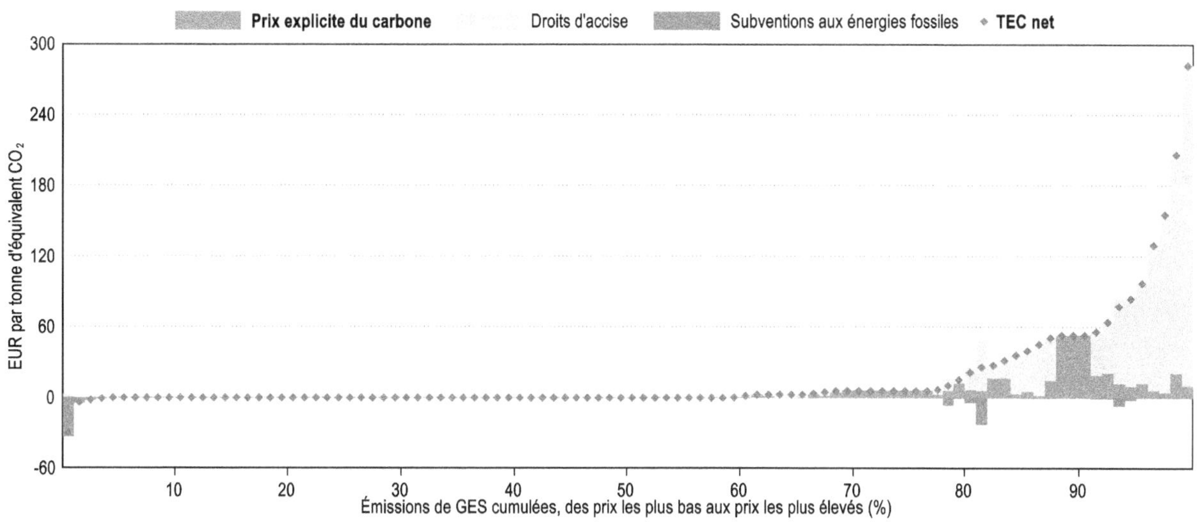

Note : Ce graphique a été simplifié pour mieux illustrer la situation (le prix moyen pour chaque centile est indiqué). Les estimations concernant les subventions aux énergies fossiles pour 2021 reposent sur les données de 2020.

StatLink https://stat.link/liqwfy

Les prix effectifs du carbone les plus élevés résultent généralement de taxes relativement fortes sur les carburants routiers. En règle générale, les émissions de l'industrie, du secteur de l'électricité et des « autres GES » sont tarifées surtout au travers des SEQE ou des taxes carbone, à des taux plus faibles que les carburants routiers, voire échappent à toute tarification. C'est pourquoi le TEC net moyen est plus faible dans ces trois secteurs que dans les autres (Graphique 2.10) Les trois secteurs soumis aux plus bas TEC nets sont aussi ceux qui émettent le plus de GES. Dans tous les autres secteurs, les droits d'accise sur les combustibles et carburants restent prédominants par rapport aux prix explicites du carbone et aux subventions aux énergies fossiles. Les plus fortes subventions aux énergies fossiles sont relevées dans le secteur de l'agriculture et de la pêche, devant ceux du transport routier et des bâtiments[14].

Graphique 2.10. Prix effectifs moyens du carbone (échelle de gauche) et émissions de GES (échelle de droite) par secteur, dans les 71 pays confondus

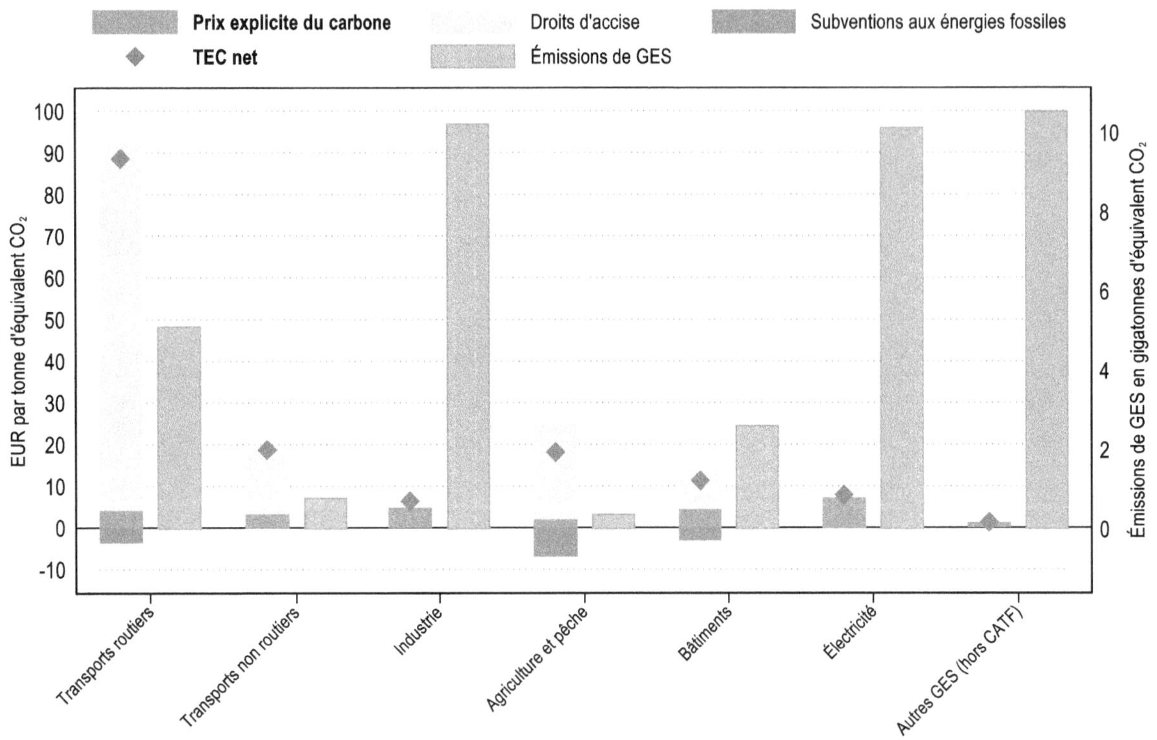

Note : Les TEC nets et leurs composantes (échelle de gauche) sont des moyennes établies pour l'ensemble des émissions de GES des 71 pays, y compris celles échappant à tout dispositif de tarification du carbone. Les informations sur les prix effectifs portent sur 2021, à l'exception des estimations concernant les subventions aux énergies fossiles, qui reposent sur des données de 2020. Les émissions de GES (échelle de droite) désignent la somme des émissions de CO_2 liées aux énergies fossiles, calculées à partir des données 2018 sur la consommation d'énergie de l'AIE (2020[13]), et des émissions des « autres GES » selon Climate Watch (2020[14]).

StatLink https://stat.link/642ur1

Dans les débats sur les fuites de carbone et la compétitivité, l'industrie et le secteur de l'électricité occupent une place centrale. Le Graphique 2.11 montre que la tarification dans ces secteurs est de fait très variable selon les pays[15].

Graphique 2.11. Prix effectifs du carbone dans l'industrie et le secteur de l'électricité, par pays

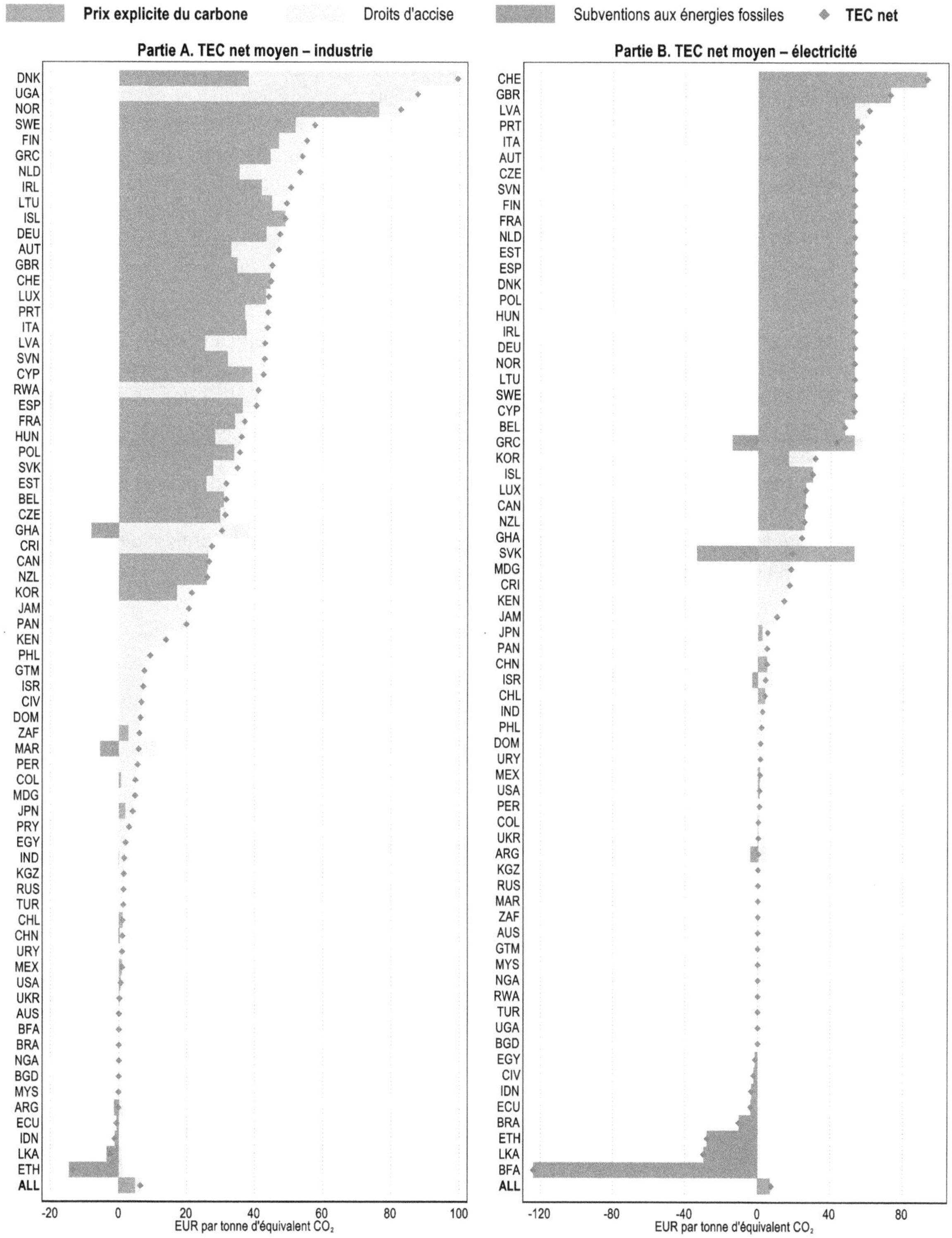

Note : La Partie B ne comprend pas le Paraguay, où la production d'électricité est à 100 % d'origine hydraulique et occasionne zéro émission de CO_2. Les prix effectifs du carbone sont des moyennes établies pour l'ensemble des émissions de CO_2 d'origine fossile de chaque secteur, y compris celles échappant à tout dispositif de tarification du carbone. Les estimations concernant les subventions aux énergies fossiles pour 2021 reposent sur les données de 2020. Les prix sont arrondis au centime d'euro le plus proche.

StatLink https://stat.link/ur6xp9

Le relèvement des prix effectifs du carbone pourrait procurer des recettes non négligeables en plus de faire baisser les émissions

L'augmentation des prix effectifs du carbone peut procurer des recettes, ce que ne permettent pas les normes et les réglementations. L'effet précis d'une réforme de la tarification du carbone sur les recettes publiques varie dans le temps et dépend de la vitesse à laquelle l'assiette fiscale s'érode. Il n'en reste pas moins utile de donner quelques indications sur le niveau de recettes que pourrait produire la tarification du carbone, au moins à court et moyen termes. Même si elles ne sont pas pérennes, ces recettes peuvent jouer un rôle important durant la période de transition, où des coûts d'ajustement considérables devront être supportés. De combien les recettes augmenteraient-elles si les TEC nets étaient portés à la valeur de référence de 120 EUR par tonne de CO_2 pour l'ensemble des combustibles fossiles ? Le niveau de 120 EUR par tonne correspond à l'estimation moyenne du prix du carbone qui devra être atteint en 2030 (OCDE, 2021[12]).

Le montant des recettes susceptibles de découler d'une hausse des prix effectifs du carbone au niveau de référence de 120 EUR par tonne varie sensiblement d'un pays à l'autre. Comme l'indique le Graphique 2.12, il représenterait en moyenne l'équivalent d'environ 2.2 % du PIB des 71 pays examinés. Cependant, il s'agit là d'une moyenne et le potentiel de recettes varie en fait sensiblement selon les pays. Dans certains d'entre eux (Costa Rica, Danemark, Ouganda, Suisse), les recettes ainsi levées représenteraient moins de 0.3 % du PIB, alors que dans d'autres (Afrique du Sud, Inde et Kirghizistan, par exemple), elles pourraient être supérieures à 5 % du PIB. Le graphique montre également que les recettes nettes générées par les instruments existants de tarification du carbone augmenteraient de près de 100 % en moyenne, avec là encore de fortes disparités selon les pays.

Graphique 2.12. Recettes potentielles en cas de réforme des subventions aux énergies fossiles et de la tarification du carbone

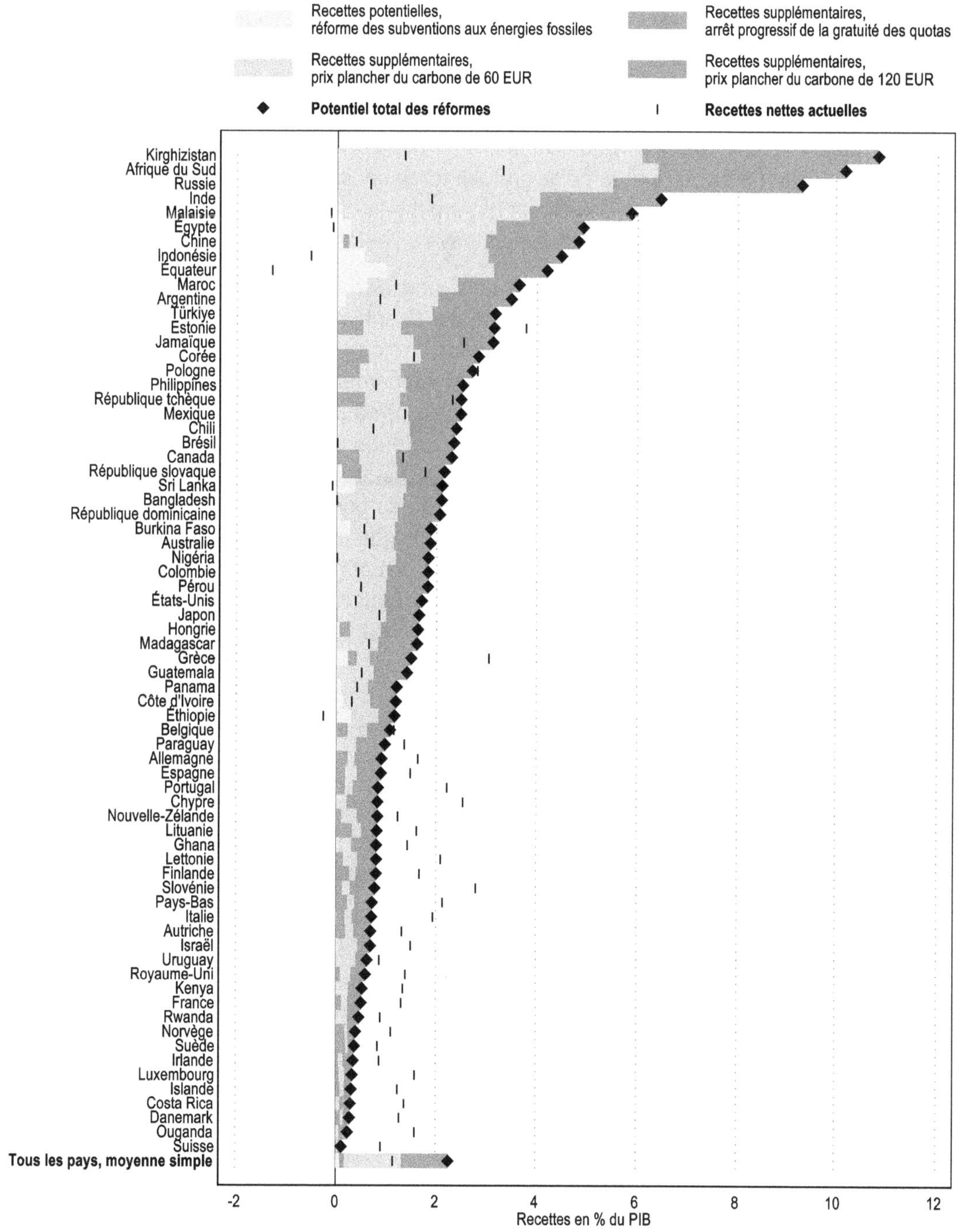

Note : Les recettes sont estimées à l'aide des élasticités décrites dans l'Encadré 2.5 et imputées aux composantes des réformes en prenant pour hypothèse que les réformes sont mises en œuvre par étapes. La disparition progressive de la gratuité des quotas est supposée ne pas entraîner de changements de comportement. Les chiffres présentés peuvent être considérés comme des estimations hautes du potentiel de recettes effectif, dans la mesure où ils ont été calculés sur la base de données rétrospectives (caractérisées par des technologies bas carbone moins nombreuses et plus coûteuses, des prix du carbone plus faibles et un faible nombre de pays en développement dans l'échantillon). Les estimations portent sur les émissions de CO_2 provenant des combustibles fossiles et ne tiennent pas compte des recettes potentielles procurées par la réforme de la tarification d'autres GES ou des biocarburants. Les recettes nettes courantes résultent d'une estimation ascendante établie à partir de l'ensemble de données des TEC nets et ne correspondent pas nécessairement aux recettes effectivement levées. La mention « Tous les pays » renvoie à la moyenne non pondérée des 71 pays étudiés.

StatLink https://stat.link/lkrp4j

Les recettes potentielles diffèrent selon les pays pour trois raisons principales. Premièrement, les TEC nets en vigueur avant la réforme sont très différents (voir Graphique 2.8). Or, plus ils sont élevés (ou plus les subventions aux énergies fossiles sont faibles), plus les recettes potentielles qui peuvent encore être levées par la tarification du carbone à un taux de référence donné sont réduites. Deuxièmement, certains pays recourent aux systèmes d'échange de quotas d'émission pour tarifer le carbone : la distribution gratuite des quotas y reste fréquente dans l'industrie et, dans une moindre mesure, dans le secteur de l'électricité. La disparition progressive de cette gratuité ferait sensiblement croître les recettes et pourrait renforcer le potentiel de réduction des émissions des marchés carbone (Flues et van Dender, 2017[23]). Troisièmement, l'intensité carbone du PIB varie d'un pays à l'autre.

Afin que les ménages et les entreprises aient le temps de s'adapter, les pouvoirs publics augmentent généralement les prix du carbone de façon graduelle. Le Graphique 2.12 montre le potentiel de recettes de réformes plus modestes par étapes, consistant d'abord à réformer les subventions aux énergies fossiles (de façon à éliminer les prix négatifs du carbone), puis à supprimer la gratuité des quotas et enfin à porter les prix du carbone au niveau de référence de 60 EUR. Ce niveau de référence est une estimation basse du coût des répercussions climatiques de l'émission d'une tonne de CO_2 en 2030 et des prix du carbone nécessaires à cet horizon pour atteindre les objectifs de neutralité carbone. Il s'agit également d'une estimation intermédiaire de la valeur actuelle des coûts du carbone (OCDE, 2021[12]). En plus d'illustrer l'effet de ces réformes par étapes sur les recettes, le graphique met en lumière une série de pays dans lesquels les élasticités estimées impliquent de très fortes hausses des recettes. Des hausses de cette ampleur sont particulièrement incertaines du fait qu'elles dépendent en partie de la possibilité pour les pays de répercuter le renchérissement du carbone sur les prix à l'exportation.

Encadré 2.5. Estimation des effets de la tarification du carbone sur les émissions de CO_2 et les recettes : nouveaux éléments factuels apportés par les trois premières séries de données sur les taux effectifs sur le carbone.

À l'aide de l'ensemble de données de l'OCDE sur les taux effectifs du carbone, D'Arcangelo, Pisu, Raj et Van Dender ont estimé la réactivité à long terme des émissions de CO_2 imputables à la consommation de combustibles fossiles et des recettes publiques qui en découlent à la tarification du carbone (à paraître[24]).

D'après les estimations qu'ils ont établies à partir des bases de données des TEC de 2012, 2015 et 2018, et en exploitant les variations transversales entre 37 pays de l'OCDE et du G20, une hausse de 10 EUR des tarifs effectifs du carbone fait baisser en moyenne les émissions de CO_2 imputables aux énergies fossiles de 3.7 % à moyen terme.

En l'occurrence, le modèle utilisé pour obtenir ces estimations procède à une régression du logarithme naturel des émissions de CO_2 imputables à la consommation de combustibles fossiles sur les taux effectifs sur le carbone (comme dans Sen et Vollebergh (2018[25])) et tient compte en outre d'un vaste ensemble d'effets fixes. L'équation de cette régression est la suivante :

$$q_{puct} = \beta \times TEC_{puct} + \delta_{put} + \delta_{uct} + \varepsilon_{puct} \qquad (1)$$

où q_{puct} est le logarithme des émissions imputables à la consommation de combustibles fossiles pour le pays p, l'utilisateur u et la catégorie de combustibles c durant l'année t, TEC_{puct} est le TEC correspondant moyen au niveau des pays-utilisateur-catégorie de combustibles l'année t, δ_{put} et δ_{uct} sont les effets fixes, et ε_{puct} est le terme d'erreur. Grâce au vaste ensemble d'effets fixes permis par l'éventail de variables temps, secteur, utilisateur, catégorie de combustibles et pays à l'intérieur de l'ensemble de données sur les TEC, il est possible de prendre en compte de nombreux facteurs de confusion.

La réactivité des émissions varie selon les secteurs et les catégories de combustibles. Le Tableau 2.1 présente les estimations de semi-élasticité au niveau sectoriel issues de la régression (1) pour tout l'échantillon de pays utilisé dans D'Arcangelo et al. (à paraître[24]).

Tableau 2.1. Réactivité des émissions au TEC par secteur

Semi-élasticités estimées et erreurs types (multipliées par 100).

	Semi-élasticité
Transport routier	-0.439***
	(0.135)
Électricité	-0.452
	(0.511)
Industrie	-0.369***
	(0.112)
Bâtiments	-0.282
	(0.182)
Transport non routier	0.017
	(0.207)
Agriculture et pêche	-0.907***
	(0.238)
Constante	5.585***
	(0.026)
Observations	4899
effets fixes utilisateur×combustible×année (δ_{uct})	✓
effets fixes pays×utilisateur×année (δ_{put})	✓

Note : *p ≤ 0.1, **p ≤ 0.05, *** p ≤ 0.01. Le logarithme des émissions est la variable dépendante, TEC est la variable indépendante. Les erreurs types regroupées au niveau utilisateur×combustible×année et pays×utilisateur×année sont indiquées entre parenthèses. Pour la régression, 348 singletons ont été ignorés. Les estimations sont à interpréter de la façon suivante : dans l'industrie, une hausse du TEC de 1 EUR fait baisser les émissions de 0.37 % dans l'échantillon de pays de l'OCDE et du G20 pris en compte dans l'analyse.
Source : OCDE.

La tarification du carbone et les Objectifs de développement durable

La tarification du carbone et la réforme des subventions aux énergies fossiles interviennent dans plusieurs Objectifs de développement durable (ODD) des Nations Unies. Les deux contribuent non seulement à une consommation et une production durables (ODD 12) et à la lutte contre les changements climatiques (ODD 13), mais aussi à la bonne santé et au bien-être (ODD 3), à une énergie propre et d'un coût abordable (ODD 7) et, à condition d'être bien conçues, à la réduction des inégalités (ODD 10) et à l'émergence de villes et de communautés plus durables (ODD 11) (OCDE, 2021[7]). En outre, la tarification du carbone a un rôle à jouer dans la mobilisation de ressources nationales (cible 17.1 des ODD). De façon plus générale, les synergies entre les solutions d'atténuation et les ODD ont également été mises en avant dans la contribution du Groupe de travail III au Sixième Rapport d'évaluation du GIEC (GIEC, 2022[26]).

Les avantages de la tarification du carbone et de la réforme des subventions aux énergies fossiles ne se résument pas à leur contribution à une bonne politique climatique et valent pour tous les pays, pas seulement pour les économies avancées. À cet égard, la base de données sur les taux effectifs du carbone et la taxation de la consommation d'énergie contient désormais des données qui peuvent permettre d'identifier des possibilités de tarification du carbone et de réforme des subventions aux énergies fossiles pour un plus large éventail de pays qu'avant. En plus de 45 pays de l'OCDE et du G20, elle prend en compte 26 pays de différentes régions du monde ayant atteint des stades et niveaux de développement économique variés. Cette démarche s'inscrit dans le prolongement d'un premier élargissement de la base de données à 15 économies en développement et émergentes dans le cadre de l'édition 2021 (OCDE, 2021[7]).

Le faible niveau des émissions de GES produites par les pays en développement et émergents peut signifier que leur capacité à agir pour freiner le changement climatique dans un proche avenir est restreinte. La tarification du carbone et la réforme des subventions aux énergies fossiles leur permettent toutefois de répondre à plusieurs défis urgents en plus du changement climatique. La réduction des émissions de GES contribue grandement à faire baisser la pollution atmosphérique locale, et ces avantages annexes peuvent contrebalancer en partie les coûts immédiats de l'action en faveur du climat (ceux liés au renchérissement de l'énergie et des produits alimentaires, par exemple).

La tarification du carbone peut aussi amplifier les efforts des pays en développement visant à améliorer la mobilisation de ressources nationales. Bien que variable selon les pays, le potentiel de recettes est souvent considérable, comme le montre le Graphique 2.12. Les recettes tirées de la tarification du carbone pourraient servir à financer des aides plus ciblées afin d'améliorer l'accès à l'énergie et de la rendre plus abordable, renforcer les filets de protection sociale et promouvoir d'autres priorités économiques et sociales. En Égypte, par exemple, grâce aux économies budgétaires générées par la réforme des subventions aux énergies fossiles, les pouvoirs publics ont pu allouer davantage de ressources à l'éducation et à la santé et déployer un programme de relance économique destiné à surmonter la crise.

La possibilité d'utiliser les recettes de la tarification du carbone pour financer l'amélioration des filets de protection sociale est particulièrement bienvenue dans les pays en développement, où ces filets sont insuffisants pour beaucoup de citoyens. Steckel et al. (2021[27]) ont simulé les incidences de possibles réformes de la tarification du carbone dans huit pays en développement et émergents (Bangladesh, Inde, Indonésie, Pakistan, Philippines, Thaïlande, Türkiye et Viet Nam), et constaté que, dans tous ces pays, une redistribution égale des recettes entre tous les citoyens ferait plus que compenser le coût induit par la tarification du carbone pour les ménages les plus pauvres. Cela s'explique par le fait que les ménages aisés ont tendance à consommer davantage de combustibles fossiles.

Il convient de souligner qu'il est généralement plus difficile d'échapper aux taxes sur le carbone qu'aux impôts directs sur les personnes physiques ou sur les sociétés, et que ces taxes peuvent donc constituer des instruments efficaces dans les économies où le secteur informel est important. C'est le cas tout particulièrement dans les pays en développement, où 70 % des emplois sont informels (OCDE/OIT, 2019[28]).

En s'engageant à relever progressivement les prix du carbone et à investir dans les technologies bas carbone, les pays en développement peuvent éviter de nombreux coûts de transition auxquels les économies développées sont aujourd'hui confrontées, dont les actifs échoués et les destructions d'emplois dans les régions productrices de charbon. En effet, beaucoup de pays en développement comptent aujourd'hui moins d'actifs hérités à forte intensité de carbone que les pays développés. Avec des émissions de 3.45 tonnes d'équivalent CO_2 par habitant en 2018, l'Afrique subsaharienne est la région la plus proche de la neutralité GES par habitant. À titre de comparaison, les émissions de GES par habitant atteignent 18.03 t éq CO_2 en Amérique du Nord[16]. Des pays comme le Burkina Faso, la Côte d'Ivoire, l'Équateur, le Ghana et l'Ouganda, par exemple, n'utilisent pas actuellement le charbon[17]. La réforme de la tarification du carbone ou l'application d'autres mesures environnementales, comme l'interdiction de la consommation de charbon, pourrait permettre à certains pays de sauter purement et simplement l'étape des énergies fossiles les plus polluantes[18].

Malgré le regain d'intérêt pour la réforme des prix du carbone, dont témoigne le développement des systèmes de tarification explicite (Encadré 2.6), les prix du carbone restent relativement bas dans beaucoup d'économies en développement et émergentes (Graphique 2.8). Les obstacles à la réforme de la tarification du carbone ne sont pas principalement d'ordre administratif : pratiquement tous les pays ont l'expérience des droits d'accise sur les carburants et seraient donc capables, d'un point de vue administratif, de mener cette réforme. Des avancées de taille seraient possibles si les pouvoirs publics alignaient les droits d'accise sur la teneur en carbone des combustibles. Par exemple, une taxe carbone de 30 EUR par tonne de CO_2 correspond à une taxe sur l'essence de 7 centimes d'euro par litre et à une taxe sur le charbon d'environ 6 centimes d'euro par kilogramme. Ces taxes carbone assises sur les carburants pourraient être perçues auprès des fournisseurs de la même façon que les droits d'accise existants.

Les principaux freins à la mise en place d'une tarification du carbone sont liés à la nécessité de faire en sorte que le changement soit équitable et en phase avec les objectifs de développement du pays, condition indispensable pour obtenir une large adhésion du public à la réforme des prix du carbone. La réforme des subventions aux combustibles fossiles menée avec succès par l'Égypte est encourageante parce qu'elle montre que les incidences négatives sur les ménages et les entreprises fragiles peuvent être atténuées. Comme dans les économies avancées, la tarification du carbone doit s'inscrire dans un éventail plus large de mesures budgétaires et climatiques. À titre d'exemple, le Kenya prend actuellement des mesures pour garantir aux citoyens et aux entreprises un accès abordable à des options plus propres. Les initiatives de plus vaste portée qui encouragent l'électrification constituent un développement prometteur. Il n'existe pas de taxe carbone au Kenya, mais le pays réfléchit à l'application d'un système d'échange de quotas d'émission et perçoit des droits d'accise sur les combustibles et carburants. À la suite du renchérissement de l'énergie, il a rétabli en 2021 des subventions et abaissé les droits d'accise et la TVA sur les produits pétroliers (voir Encadré 2.3).

Il existe un vrai risque de voir la tarification du carbone entraîner un plus large recours au bois-énergie disponible sur place, généralement difficile à taxer. En plus d'affaiblir l'effet de la taxe carbone sur les émissions de GES, l'utilisation de biocombustibles classiques est souvent à l'origine de pollutions locales qui ont un important coût sanitaire et environnemental. Ce problème concerne tout particulièrement les pays en développement qui ont moins de moyens administratifs pour concevoir, mettre en œuvre et faire appliquer les mesures de compensation. C'est pourquoi il est essentiel que la réforme de la tarification du carbone s'accompagne de mesures visant à prévenir de tels effets de substitution (par exemple, en soutenant la diffusion de technologies de chauffage et de cuisson plus propres ; voir aussi le chapitre 3).

Encadré 2.6. Tarification explicite du carbone dans les économies en développement et émergentes

Appliqués pour la première fois au début des années 90 dans les pays scandinaves, les mécanismes de tarification explicite du carbone ont depuis essaimé en Europe (en particulier avec l'instauration du SEQE-UE en 2005) et dans beaucoup de pays à revenu élevé ailleurs dans le monde. En outre, de plus en plus d'économies émergentes, mais aussi de pays en développement, les emploient ou envisagent d'y recourir. Les taxes carbone assises sur les carburants et combustibles sont relativement simples à mettre en place, mais restent souvent peu élevées ou limitées à des combustibles ou usages particuliers. En Uruguay, par exemple, la taxe carbone s'applique uniquement à l'essence. En Albanie, son montant par tonne de CO_2 varie selon les combustibles. Quant aux mécanismes qui assoient la tarification sur les émissions, ils nécessitent un système de mesure, notification et vérification, ce qui peut poser des difficultés de mise en œuvre supplémentaires, mais permet de cibler un plus large éventail de GES (OCDE, 2019[29]). Les systèmes d'échange de quotas d'émission intéressent de plus en plus de pays à revenu intermédiaire, en particulier en Asie et en Europe orientale. La récente proposition de l'UE d'instaurer un mécanisme d'ajustement carbone aux frontières (MACF) a suscité un intérêt grandissant pour les systèmes de tarification explicite du carbone chez un grand nombre de ses partenaires commerciaux.

Tableau 2.2. Tarification explicite du carbone dans certaines économies en développement et émergentes

	Prix explicite du carbone en vigueur	Prix explicite du carbone à l'étude
Albanie	Taxe carbone en place depuis 2008, son montant par tonne de CO_2 varie selon les combustibles	
Argentine*	Taxe carbone appliquée depuis 2018 aux combustibles liquides, au taux de 519 ARS (4,6 EUR environ) en avril 2021	
Bosnie-Herzégovine et autres pays des Balkans occidentaux		Mécanismes de taxation du carbone à l'étude
Brésil*		Mécanisme de taxation du carbone à l'étude
Chine*	SEQE en place depuis 2021 ; il concerne dans un premier temps le secteur de l'électricité et son élargissement à d'autres secteurs est prévu	
Côte d'Ivoire		Taxe carbone à l'étude
Indonésie*	Taxe carbone assise sur les émissions entrée en vigueur le 1er juillet 2022, ciblant les émissions des centrales électriques au charbon au-dessus d'un certain plafond et s'élevant à 30 IDR par kilogramme (soit environ 1,9 EUR par tonne), avant l'instauration d'un système de plafonnement et d'échange plus vaste en 2025.	
Kazakhstan	SEQE en vigueur depuis 2013 ciblant la production d'électricité et de chaleur et certaines industries extractives et manufacturières ; le prix moyen sur le marché secondaire s'élevait à 504 KZT (environ 1 EUR) par tonne de CO_2 en 2021.	Taxe carbone à l'étude
Kenya*	.	SEQE à l'étude
Maroc*		Le principe d'une taxe carbone a été acté dans une loi fiscale de juillet 2021, mais aucun calendrier concret de mise en œuvre n'a été défini
Pakistan		SEQE à l'étude
Philippines*		SEQE à l'étude
Sénégal		Taxe carbone à l'étude
Afrique du Sud*	Taxe carbone en vigueur depuis 2019 ; elle s'élève actuellement à 144 ZAR (environ 8,6 EUR) par tonne d'équivalent CO_2 et augmente progressivement	
Thaïlande		SEQE à l'étude
Ukraine*	Taxe carbone en vigueur depuis 2011, s'élevant à 30 UAH (environ 1 EUR) par tonne de CO_2	SEQE en cours d'élaboration
Uruguay*	Taxe carbone de plus de 100 EUR par tonne de CO_2 frappant l'essence, instaurée en 2022	
Viet Nam		SEQE en cours d'élaboration

Note : Les pays examinés dans le présent rapport sont repérés par un astérisque.
Source : Auteurs, Carbon pricing dashboard (Banque mondiale), ICAP.

Susciter de nouveaux efforts d'atténuation

Pour atteindre leurs objectifs de réduction des émissions de GES à moyen et long termes, les pays devront redoubler d'efforts (FMI/OCDE, à paraître[30]). Comme expliqué dans le chapitre 1, ils peuvent et doivent faire appel à toute une série d'instruments pour surmonter les divers obstacles à la transition vers la neutralité GES, et ce en procédant d'une manière adaptée à leur situation particulière. L'augmentation graduelle des prix du carbone conjuguée à l'arrêt progressif des subventions aux énergies fossiles contribue à une action climatique plus ambitieuse, efficace et efficiente, et constitue un levier d'action particulièrement puissant lorsqu'elle s'accompagne de mesures qui soutiennent l'offre de technologies et d'infrastructures peu ou pas émettrices de carbone.

La part des émissions concernées par les prix du carbone a progressé ces dernières années, car un certain nombre de pays ont instauré des dispositifs de tarification explicite du carbone ou élargi le périmètre de ceux qui existaient déjà. Il reste néanmoins beaucoup de chemin à parcourir pour exploiter pleinement le potentiel de la tarification du carbone. Près de 60 % des émissions de GES font l'objet d'un TEC net nul, voire négatif. Qui plus est, même lorsque le prix du carbone est positif, il n'est souvent pas assez élevé pour faire baisser les émissions dans des proportions permettant une véritable transition vers la neutralité GES (Coalition pour le leadership en matière de tarification du carbone, 2021[31] ; OCDE, 2021[12]). Pour progresser, les pays doivent veiller à ce que cette transition soit inclusive et en phase avec leurs priorités en matière de croissance et de développement.

L'économie politique de la tarification du carbone et de la réforme des subventions aux énergies fossiles peut être compliquée. Des programmes de réforme équitables sont essentiels pour assurer une transition juste qui ne laisse pas les groupes vulnérables sur le bord de la route. L'intégration de la réforme de la tarification du carbone et des subventions aux énergies fossiles dans des trains de mesures plus vastes peut permettre d'amortir les répercussions défavorables à court terme en apportant des avantages immédiats aux groupes vulnérables, qu'il s'agisse de ménages, de travailleurs, d'entreprises ou de régions. L'utilisation stratégique des recettes tirées de la tarification du carbone peut rendre la politique climatique plus inclusive et efficace. L'affectation la plus productive de ces recettes dépend du contexte local (Marten et van Dender, 2019[32] ; OCDE, 2021[7] ; FMI/OCDE, 2021[2]). Il est possible de renforcer l'adhésion politique en les consacrant à des projets climatiques (Maestre-Andrés et al., 2021[33]) ou en les fléchant vers des usages qui correspondent aux préférences des citoyens en matière d'équité (Sommer, Mattauch et Pahle, 2022[34]). Pour autant, redistribuer les recettes de la tarification du carbone aux citoyens par le biais de transferts forfaitaires ciblés n'est pas la panacée, surtout lorsque le débat sur la politique climatique est très polarisé et voit s'opposer des groupes d'intérêts (Mildenberger et al., 2022[35]). Bien entendu, ces défis sont amplifiés dans un contexte économique général où les prix de l'énergie s'envolent sous l'effet de chocs externes. L'usage qui est fait des recettes peut certes contribuer à renforcer l'adhésion à l'action climatique, mais cela ne suffit pas pour assurer un large courant favorable dans l'opinion publique. Il est au contraire nécessaire de donner confiance dans le fait que la transition vers la neutralité GES est indispensable et peut être réalisée dans le respect de la cohésion sociale.

La réforme de la tarification du carbone est souvent freinée par des préoccupations pour la compétitivité et par la crainte de transferts d'émissions de carbone. Les données concernant les pays de l'OCDE permettent de constater que, dans le contexte des niveaux de prix et des faibles différences de tarification du carbone entre les pays enregistrés dans le passé, il n'y a pas eu d'effets perceptibles (Dechezleprêtre et al., 2022[36] ; OCDE, 2021[37] ; Venmans, Ellis et Nachtigall, 2020[38]). Toutefois, les prix sont peu élevés et, dans le cadre des SEQE, c'est souvent la gratuité des quotas qui prévaut, notamment dans l'industrie (Encadré 2.7) et le secteur de l'électricité (OCDE, 2021[22]). Les règles d'allocation gratuite des quotas peuvent avantager des technologies à forte émission de carbone et étouffer concrètement le signal-prix du carbone (Flues et van Dender, 2017[23]). Ces mesures et d'autres dispositions adoptées pour gérer le risque d'impact sur la compétitivité et de transfert d'émissions que pose la tarification du carbone sont donc difficilement conciliables avec l'ambition de neutralité carbone à long terme. L'attribution d'une plus grande part des quotas par voie d'enchères dans le cadre des SEQE renforcerait l'incitation à réduire les émissions et procurerait parallèlement plus de recettes publiques pouvant être mises au service d'une transition verte et inclusive. Cela étant, si certaines juridictions durcissent leurs politiques sans que les autres leur emboîtent le pas, cela pourrait accentuer la crainte d'effets sur la compétitivité et de transfert d'émissions, du moins pour un nombre restreint de secteurs à fortes émissions de carbone et exposés aux échanges internationaux, comme les industries du ciment, de l'acier et de l'aluminium (OCDE, 2020[39]).

Encadré 2.7. Gratuité des quotas dans le cadre du SEQE-UE : le cas de l'industrie chimique néerlandaise

Dans leur loi sur le climat de 2019, les Pays-Bas se fixent des objectifs ambitieux, notamment des objectifs chiffrés juridiquement contraignants de réduction des émissions de GES de 49 % d'ici à 2030 et de 95 % d'ici à 2050 par rapport à 1990. La loi s'accompagne d'un Plan climat et d'un Accord climatique qui définissent la panoplie de mesures mise au service de la réalisation de ces objectifs. Dans l'industrie, les Pays-Bas prévoient ainsi de relever les prix du carbone et de déployer parallèlement d'ambitieux efforts de soutien technologique. Une nouvelle taxe carbone portera ainsi le prix du carbone dans ce secteur progressivement à 125 EUR par tonne d'équivalent CO_2 d'ici à 2030 (en tenant compte du prix défini par le SEQE-UE). Cette taxe carbone s'ajoute aux instruments de tarification du carbone existants : le SEQE-UE, la taxe énergétique sur le gaz naturel et la surtaxe énergie durable qui frappe également le gaz naturel[19].

La crainte d'effets sur la compétitivité des entreprises nationales face à celles des pays appliquant des politiques de tarification du carbone moins ambitieuses a conduit les autorités néerlandaises à accorder un traitement préférentiel généralisé aux gros consommateurs d'énergie. Ainsi, la taxe carbone est appliquée de façon progressive seulement. Du fait de la gratuité des quotas du SEQEUE et de l'existence de généreuses exonérations fiscales, certains importants consommateurs d'énergie échappent entièrement à la tarification des émissions. Enfin, la taxe énergétique et la surtaxe sont régressives, puisque leurs taux diminuent avec la consommation d'énergie. Ce dispositif aboutit à une tarification du carbone très hétérogène selon les secteurs industriels, les consommateurs et les produits énergétiques, et il favorise les gros consommateurs d'énergie par rapport aux petits.

Graphique 2.13. Taux effectifs sur le carbone appliqués aux émissions de CO_2 provenant de la consommation d'énergies fossiles dans l'industrie chimique aux Pays-Bas, 2021

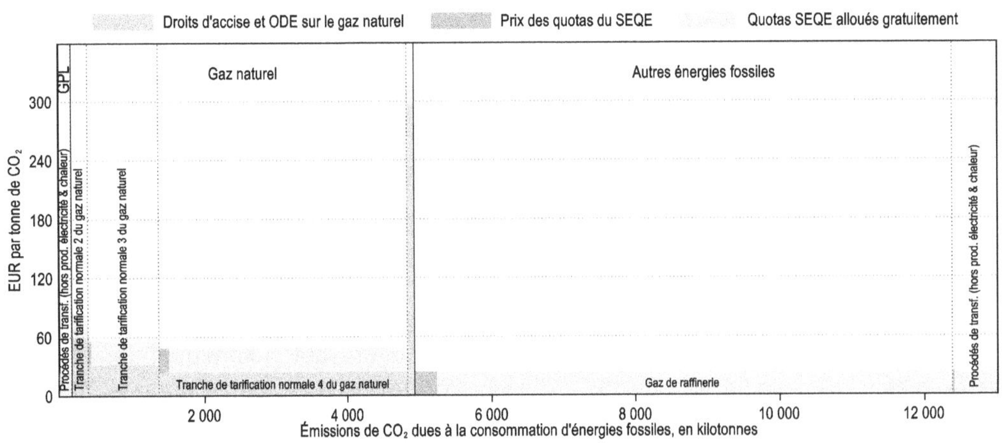

Note : Les chiffres reposent sur la méthodologie de l'OCDE relative à la taxation de la consommation d'énergie et aux tarifs effectifs du carbone (2019[29] ; 2021[22]). Ils prennent en compte les taux de la taxe énergétique («droits d'accise sur les carburants et combustibles ») et de la surtaxe énergie durable (ODE) sur le gaz naturel (après déduction des exonérations), et le prix des quotas du SEQE (compte tenu des quotas alloués gratuitement). Pour 2021, la taxe carbone est fixée à zéro en raison d'un important volume de droits d'exonération excédentaires cette année-là. Les émissions de CO_2 sont calculées à partir de données sur la consommation d'énergies fossiles adaptées d'AIE (2022[40]), World Energy Statistics and Balance.
Source : OCDE (2021[41])

Le Graphique 2.13 présente le profil de la tarification du carbone dans l'industrie chimique en 2021. Seul le gaz naturel est soumis à la taxe énergétique, et ce principalement au taux le plus bas applicable puisque la majorité de la consommation entre dans la tranche de consommation la plus élevée. Le SEQE-UE s'applique à une grande partie des autres combustibles fossiles, mais l'allocation massive de quotas à titre gratuit affaiblit le signal-prix dans le secteur. Le graphique fait apparaître le signal-prix émanant du SEQE-UE (représenté en vert) et une estimation de la proportion des émissions couvertes respectivement par des quotas attribués par voie d'enchères (vert foncé) et par des quotas attribués à titre gratuit (vert clair). Cette approche se différencie de celle fondée sur le prix marginal adoptée dans le reste du présent rapport, qui assigne les prix des quotas, qu'ils soient alloués gratuitement ou non, aux bases d'émissions respectives. La seconde approche repose sur l'idée que les quotas alloués à titre gratuit incitent malgré tout à réduire les émissions de CO_2 à la marge en raison du coût d'opportunité (le prix des quotas) qu'ils induisent.

La prise en compte de la gratuité rétrécit notablement la base du TEC. En l'occurrence, l'industrie chimique se voit allouer à titre gratuit des quotas qui couvrent 96 % de ses émissions. Il y a donc un écart entre le *prix marginal* payé par les émetteurs pour le rejet d'une unité d'émissions supplémentaire (le taux effectif marginal du carbone) et le *prix moyen* qu'ils paient pour leur base d'émissions tout entière (le taux effectif moyen du carbone). En 2021, le taux effectif marginal du carbone était estimé à 37 EUR par tonne en moyenne dans l'industrie chimique, mais à seulement 13 EUR par tonne en moyenne compte tenu des allocations à titre gratuit.

Source : Anderson et al. (2021[42]) et OCDE (2021[41])

Les ajustements carbone aux frontières (ACF) sont l'un des outils proposés pour répondre aux craintes d'effets sur la compétitivité et de fuite de carbone. Selon leur conception, ils créent des incitations en faveur de l'instauration de prix explicites du carbone dans les juridictions qui n'en appliquent pas encore. Toutefois, comme l'éventail des produits auxquels ils s'appliqueraient serait limité, seule une partie des émissions de GES incorporées dans les biens échangés serait ainsi tarifée. Étant donné que les ACF ne ciblent pas les émissions sans lien avec les échanges, la probabilité de les voir ouvrir la voie à une action globale en faveur de l'atténuation du changement climatique est faible (Parry, Black et Roaf, 2021[43]). En revanche, la coordination internationale est de nature à stimuler une action climatique plus vaste. Cette coordination doit être juste et devrait tenir compte des responsabilités différenciées et des capacités respectives des pays. Elle doit aussi être pragmatique et reconnaître que le point de départ, sur le plan des réalités économiques et politiques, est très différent selon les pays, de sorte que chacun devra faire appel à des panoplies différentes d'instruments d'atténuation (FMI/OCDE, 2021[2]). Il faudra donc prendre en compte un large éventail d'instruments, ce qui accentuera sensiblement la complexité de la coordination.

Pour traiter les retombées négatives dans les pays, il pourrait être important d'améliorer la mesure des différents leviers d'action et stratégies mis au service de l'atténuation du changement climatique. Pour cela, il faudra sans doute regarder au-delà des instruments traités dans ce rapport que sont la tarification explicite du carbone, sa tarification implicite au travers des droits d'accise sur les combustibles et carburants et les subventions aux énergies fossiles. Le chapitre 3 présente une première tentative d'élargissement en se penchant sur les taxes sur l'électricité et les subventions connexes. Une évaluation plus large encore des politiques d'atténuation sera toutefois nécessaire pour faire avancer le dialogue dans ce domaine.

Références

AIE (2022), « Extended world energy balances », *IEA World Energy Statistics and Balances*, https://doi.org/10.1787/data-00513-en (consulté le 2 septembre 2022). [40]

AIE (2021), *Portugal 2021*, https://www.iea.org/reports/portugal-2021. [20]

AIE (2020), *World Energy Statistics and Balances*, http://www.iea.org/statistics/topics/energybalances. [13]

Anderson, B. et al. (2021), « Policies for a climate-neutral industry: Lessons from the Netherlands », *OECD Science, Technology and Industry Policy Papers*, n° 108, Éditions OCDE, Paris, https://doi.org/10.1787/a3a1f953-en. [42]

CCNUCC (2021), *Contributions déterminées au niveau national en vertu de l'Accord de Paris : Rapport de synthèse du secrétariat*, https://unfccc.int/sites/default/files/resource/cma2021_08F.pdf. [5]

Climate Watch (2020), *GHG Emissions (CAIT dataset)*, Institut des ressources mondiales, https://www.climatewatchdata.org/ghg-emissions. [14]

Coalition pour le leadership en matière de tarification du carbone (2021), *Report of the Task Force on Net Zero Goals & Carbon Pricing*, https://www.carbonpricingleadership.org/netzero. [31]

D'Arcangelo, F. et al. (2022), « A Framework to Decarbonise the Economy », *OECD Economic Policy Papers*, n° 31, Éditions OCDE, Paris, https://doi.org/10.1787/4e4d973d-en. [6]

D'Arcangelo, F. et al. (à paraître), « Estimating the CO2 emission and revenue effects of carbon pricing: new evidence from a large cross-country dataset », *Documents de travail du Département des Affaires économiques de l'OCDE.* [24]

Dechezleprêtre, A. et al. (2022), « Searching for carbon leaks in multinational companies », *Journal of Environmental Economics and Management*, vol. vol. 112, p. n° 102601, https://doi.org/10.1016/j.jeem.2021.102601. [36]

Flues, F. et K. van Dender (2017), « Permit allocation rules and investment incentives in emissions trading systems », *Documents de travail de l'OCDE sur la fiscalité*, n° 33, Éditions OCDE, Paris, https://doi.org/10.1787/c3acf05e-en. [23]

FMI/OCDE (2021), *Tax Policy and Climate Change: IMF/OECD Report for the G20 Finance Ministers and Central Bank Governors.* [2]

FMI/OCDE (à paraître), *Delivering Climate Mitigation under Diverse National Policy Approaches.* [30]

GIEC (2022), *Climate Change 2022: Mitigation of Climate Change*, https://www.ipcc.ch/assessment-report/ar6/. [26]

Global Energy Monitor (2022), *Boom And Bust Coal.* [44]

Groupe d'experts intergouvernemental sur l'évolution du climat (2020), *Changements climatiques et terres émergées : Résumé à l'intention des décideurs*, GIEC, Genève, https://www.ipcc.ch/site/assets/uploads/sites/4/2020/06/SRCCL_SPM_fr.pdf. [19]

Henderson, B. et al. (2021), « Policy strategies and challenges for climate change mitigation in the Agriculture, Forestry and Other Land Use (AFOLU) sector », *Documents de l'OCDE sur l'alimentation, l'agriculture et les pêcheries*, n° 149, Éditions OCDE, Paris, https://doi.org/10.1787/47b3493b-en. [15]

Henderson, B., C. Frezal et E. Flynn (2020), « A survey of GHG mitigation policies for the agriculture, forestry and other land use sector », *Documents de l'OCDE sur l'alimentation, l'agriculture et les pêcheries*, n° 145, Éditions OCDE, Paris, https://doi.org/10.1787/59ff2738-en. [16]

Henderson, B. et al. (2022), « Soil carbon sequestration by agriculture: Policy options », *Documents de l'OCDE sur l'alimentation, l'agriculture et les pêcheries*, n° 174, Éditions OCDE, Paris, https://doi.org/10.1787/63ef3841-en. [17]

ICAP (2021), *Korea emissions trading scheme*, https://icapcarbonaction.com/en/?option=com_etsmap&task=export&format=pdf&layout=list&systems%5B%5D=47. [21]

Leroutier, M. (2022), « Carbon pricing and power sector decarbonization: Evidence from the UK », *Journal of Environmental Economics and Management*, vol. vol. 111, p. n° 102580, https://doi.org/10.1016/j.jeem.2021.102580. [4]

Maestre-Andrés, S. et al. (2021), « Carbon tax acceptability with information provision and mixed revenue uses », *Nature Communications*, vol. vol. 12/1, https://doi.org/10.1038/s41467-021-27380-8. [33]

Marten, M. et K. van Dender (2019), « The use of revenues from carbon pricing », *Documents de travail de l'OCDE sur la fiscalité*, n° 43, Éditions OCDE, Paris, https://doi.org/10.1787/3cb265e4-en. [32]

Mildenberger, M. et al. (2022), « Limited evidence that carbon tax rebates have increased public support for carbon pricing », *Nature Climate Change*, vol. vol. 12/n° 2, pp. pp. 121-122, https://doi.org/10.1038/s41558-021-01270-9. [35]

OCDE (2022), *Tax Policy Reforms 2022*, Éditions OCDE, Paris, https://doi.org/10.1787/067c593d-en. [11]

OCDE (2021), *Assessing the Economic Impacts of Environmental Policies: Evidence from a Decade of OECD Research*, Éditions OCDE, Paris, https://doi.org/10.1787/bf2fb156-en. [37]

OCDE (2021), *Effective Carbon Rates 2021: Pricing Carbon Emissions Through Taxes and Emissions Trading*, Éditions OCDE, Paris, https://doi.org/10.1787/0e8e24f5-en. [12]

OCDE (2021), *Effective Carbon Rates 2021: Pricing Carbon Emissions Through Taxes and Emissions Trading*, Éditions OCDE, Paris, https://doi.org/10.1787/0e8e24f5-en. [22]

OCDE (2021), *Policies for a Carbon-Neutral Industry in The Netherlands*, Éditions OCDE, Paris, https://doi.org/10.1787/6813bf38-en. [41]

OCDE (2021), *Taxer la consommation d'énergie au service du développement durable*, https://www.oecd.org/fr/fiscalite/politiques-fiscales/taxer-la-consommation-energie-au-service-du-developpement-durable.pdf. [7]

OCDE (2020), *Climate Policy Leadership in an Interconnected World: What Role for Border Carbon Adjustments?*, Éditions OCDE, Paris, https://doi.org/10.1787/8008e7f4-en. [39]

OCDE (2020), *Green budgeting and tax policy tools to support a green recovery*, https://www.oecd.org/coronavirus/policy-responses/green-budgeting-and-tax-policy-tools-to-support-a-green-recovery-bd02ea23/. [1]

OCDE (2019), *Enhancing Climate Change Mitigation through Agriculture*, Éditions OCDE, Paris, https://doi.org/10.1787/e9a79226-en. [18]

OCDE (2019), *Taxing Energy Use 2019: Using Taxes for Climate Action*, Éditions OCDE, Paris, https://doi.org/10.1787/058ca239-en. [29]

OCDE (2015), *Rapport accompagnant l'inventaire OCDE des mesures de soutien pour les combustibles fossiles*, Éditions OCDE, Paris, https://doi.org/10.1787/9789264243583-fr. [8]

OCDE (à paraître), *Net Effective Carbon Rates*. [9]

OCDE/OIT (2019), *Tackling Vulnerability in the Informal Economy*, Études du Centre de développement, Éditions OCDE, Paris, https://doi.org/10.1787/939b7bcd-en. [28]

Parry, I., S. Black et J. Roaf (2021), « Proposal for an International Carbon Price Floor Among Large Emitters », *Staff Climate Note n° 2021/001, FMI*, https://www.imf.org/en/Publications/staff-climate-notes/Issues/2021/06/15/Proposal-for-an-International-Carbon-Price-Floor-Among-Large-Emitters-460468. [43]

Sen, S. (2018), « The effectiveness of taxing the carbon content of energy consumption », *Journal of Environmental Economics and Management*, vol. vol. 92, pp. pp. 74-99. [25]

Sommer, S., L. Mattauch et M. Pahle (2022), « Supporting carbon taxes: The role of fairness », *Ecological Economics*, vol. 195, p. 107359, https://doi.org/10.1016/j.ecolecon.2022.107359. [34]

Steckel, J. et al. (2021), « Distributional impacts of carbon pricing in developing Asia », *Nature Sustainability*, vol. vol. 4/11, pp. pp. 1005-1014, https://doi.org/10.1038/s41893-021-00758-8. [27]

van den Bergh, J. et I. Savin (2021), « Impact of Carbon Pricing on Low-Carbon Innovation and Deep Carbonisation: Controversies and Path Forward », *Environmental and Resource Economics*, https://doi.org/10.1007/s10640-021-00594-6. [3]

Van Dender, K. et al. (2022), *Why governements should target support amidst high energy prices*, OCDE, https://www.oecd.org/ukraine-hub/policy-responses/why-governments-should-target-support-amidst-high-energy-prices-40f44f78/. [10]

Venmans, F., J. Ellis et D. Nachtigall (2020), « Carbon pricing and competitiveness: are they at odds? », *Climate Policy*, vol. vol. 20/n° 9, pp. pp. 1070-1091, https://doi.org/10.1080/14693062.2020.1805291. [38]

Notes

[1] Par long terme, on entend le laps de temps durant lequel s'opère l'adaptation complète à un changement de prix, compte tenu des solutions technologiques et comportementales disponibles au cours de la période étudiée – en fonction du secteur, du combustible et du pays, il s'agit d'une durée pouvant s'échelonner de 3 à 10 ans. L'estimation donnée est une estimation basse, car il est plausible que, dans les années à venir, les changements technologiques résultant en partie de la politique climatique rendent les émissions de CO_2 dues à la consommation d'énergie plus réactives aux prix du carbone. La réactivité varie selon les secteurs. Dans trois des plus importants secteurs – transport routier, industrie et électricité –, une hausse du taux effectif du carbone de 10 EUR fait baisser les émissions d'environ 4 %, bien que l'évolution des *prix* en pour cent soit très différente. La réactivité à une hausse de 10 EUR du taux effectif du carbone est beaucoup plus forte dans le secteur de l'agriculture et de la pêche, légèrement inférieure à 4 % dans le secteur des bâtiments et nulle dans celui du transport non routier (D'Arcangelo et al., à paraître[24]).

[2] On trouvera dans l'Inventaire OCDE des mesures de soutien aux énergies fossiles des informations complémentaires sur la nature et l'ampleur des mesures de soutien public qui n'entrent pas dans le périmètre des indicateurs des tarifs effectifs nets du carbone, à savoir les subventions à la production sans lien direct avec les prix intérieurs des énergies fossiles, l'abaissement de la TVA sur l'énergie et le soutien aux services d'intérêt général (par exemple, soutien à la mise en place d'infrastructures propres à un secteur, comme les terminaux charbonniers ou gaziers).

[3] Toutes les comparaisons présentées dans ce rapport portent sur des éléments comparables et reposent sur les spécifications et le périmètre définis pour la présente série de données – les données de 2018 ont été actualisées rétroactivement. Néanmoins, ces chiffres ne sont pas directement comparables aux valeurs principales des précédents rapports. Par rapport aux chiffres présentés dans le rapport de l'OCDE *Effective Carbon Rates 2021*, il existe quatre différences principales (voir aussi le chapitre 1). Premièrement, cette édition tient compte des subventions aux énergies fossiles qui résultent de transferts budgétaires. Deuxièmement, elle intègre 27 pays supplémentaires. Troisièmement, elle prend en considération les émissions d'« autres GES » en plus de celles de CO_2 provenant de la combustion d'énergies fossiles, et elle ignore les émissions de CO_2 imputables à la combustion de biocombustibles. Quatrièmement, tous les prix sont exprimés en EUR réels de 2021, alors qu'ils sont exprimés en EUR réels de 2018 dans le rapport *Effective Carbon Rates 2021*.

[4] Le Royaume-Uni s'est également doté d'un nouveau système d'échange de quotas d'émission, mais celui-ci a remplacé le SEQE-UE en vigueur auparavant et la couverture est restée inchangée.

[5] En outre, les États mexicains de Basse-Californie et de Tamaulipas ont instauré des taxes carbone entre 2018 et 2021. De telles taxes sont également entrées en vigueur en 2022 en Autriche, en Indonésie et en Uruguay.

[6] La hausse de la part globale des émissions visées par tous ces instruments a été inférieure à la somme des variations enregistrées pour chaque type d'instrument. Cela tient au fait que certaines émissions relèvent de plusieurs instruments. Par exemple, le SEQE allemand et la taxe carbone sud-africaine s'appliquent aux émissions imputables au secteur du transport routier, qui sont par ailleurs soumises aux droits d'accise sur les carburants.

[7] Au Royaume-Uni, par exemple, le secteur de l'électricité est non seulement soumis au SEQE, mais aussi à la taxe carbone.

[8] La proportion des émissions couvertes ne permet pas en soi d'apprécier si un système de tarification du carbone est adapté aux objectifs climatiques d'un pays.

[9] Des taxes sur les gaz fluorés étaient en vigueur aussi bien en 2018 qu'en 2021 au Danemark, en Espagne, en Norvège et en Pologne. En 2021, les Pays-Bas et l'Islande s'étaient également dotés de taxes applicables à ces gaz. En ce qui concerne les systèmes d'échange de quotas d'émission, celui de l'UE intègre les émissions d'hydrocarbures perfluorés (PFC) de la production d'aluminium. Parmi les autres systèmes ciblant les gaz fluorés figurent le SEQE pilote de Chongqing, les SEQE de la Corée, de la Nouvelle-Zélande, du Royaume-Uni et de la Suisse, ainsi que les systèmes de plafonnement et d'échange de la Californie, du Québec et de la Nouvelle-Écosse.

[10] Dans la base de données sur la taxation de la consommation d'énergie et les taux effectifs sur le carbone (*Taxing Energy Use et Effective Carbon Rates*), les seules émissions de GES du secteur de l'agriculture et de la pêche qui étaient comptabilisées étaient celles de CO_2 imputables à la consommation d'énergie (voir chapitre 1). Après l'incorporation des données sur les « autres GES » provenant de l'ensemble de données CAIT, la base de données comprend également les émissions de CH_4 de l'élevage et de la riziculture, ainsi que les rejets de N_2O depuis les sols agricoles. En revanche, les émissions de GES imputables aux changements d'affectation des terres et à la foresterie (CATF) ne sont actuellement pas prises en compte dans le présent rapport. L'ensemble de données CAIT comprend certes des estimations des émissions de GES de la foresterie et des autres affectations des terres (FAT), mais elles sont pour l'instant ignorées dans le présent rapport, car « ces données sont utiles à titre de référence uniquement et peuvent ne pas coïncider avec les données sur les émissions du secteur CATF notifiées par les pays à la CCNUCC », et « les erreurs et incertitudes associées à ces estimations (et à d'autres concernant le secteur CATF) peuvent être significatives ».

[11] Aux Pays-Bas, l'élargissement de la tarification est la conséquence de la nouvelle taxe carbone appliquée dans l'industrie. Cette taxe et le SEQE-UE se recoupent en grande partie, mais la première cible en plus les émissions d'oxyde nitreux des installations et incinérateurs de déchets qui n'entrent pas dans le champ d'application du second (le SEQE-UE vise uniquement les émissions d'oxyde nitreux provenant de la production d'acide nitrique, d'acide adipique, de glyoxal et d'acide glyoxylique).

[12] Sauf indication contraire, les prix sont exprimés en EUR réels de 2021 par tonne d'équivalent CO_2 (t éq CO_2).

[13] Le filet de sécurité fédéral est composé d'une redevance réglementaire sur les combustibles fossiles et d'un système de tarification fondé sur le rendement pour les installations industrielles, qui s'applique en totalité ou en partie dans les provinces et territoires qui l'ont demandé et dans les provinces et territoires qui ne se sont pas dotés d'un système de tarification du carbone satisfaisant aux exigences de rigueur du modèle fédéral.

[14] Étant donné la distribution asymétrique et les modalités de tarification inégales entre les secteurs, les indicateurs de tarification moyenne du carbone au niveau des pays sont à interpréter avec prudence. Dans les pays où le transport routier représente une part relativement importante des émissions et où les émissions des secteurs industriel et électrique – tous deux généralement soumis à des prix du carbone plus faibles (Graphique 2.11) – sont plus basses, le TEC net moyen pondéré en fonction des émissions au niveau national est généralement assez élevé. Le Luxembourg en est la parfaite illustration. Le secteur routier y représente une part importante des émissions, ce qui tient aussi au tourisme à la pompe depuis les pays voisins. En outre, les émissions des secteurs industriel et électrique, dans lesquels le Luxembourg est largement importateur, sont plutôt faibles. L'ensemble de données OECD.STAT publié avec ce rapport contient des données fines sur le TEC net par produit énergétique et par secteur qui permet des

comparaisons à ces niveaux sans effets de composition. Le TEC net du Luxembourg au niveau sectoriel n'est, par exemple, pas particulièrement élevé pour l'Europe.

[15] Les risques de conséquences pour la compétitivité et de fuite de carbone varient suivant les secteurs. Au Chili, par exemple, il ressort de travaux sur les risques liés à la transition climatique que les secteurs les plus touchés seraient l'industrie cimentière et la sidérurgie (https://4echile.cl/publicaciones/desarrollo-bajo-en-carbono-para-sectores-con-riesgo-de-transicion-climatica-en-chile).

[16] https://www.climatewatchdata.org/ghg-missions?end_year=2018&regions=EAP%2CECA&start_year=1990.

[17] De même, la consommation est très faible au Paraguay (0,1 % des approvisionnements totaux en énergie).

[18] Les prix du carbone doivent être suffisamment élevés et crédibles pour faire obstacle à des investissements dans la production d'électricité à partir de charbon. À cet égard, il convient de noter que de nouvelles centrales au charbon sont mises en service dans des pays où des mécanismes de tarification explicite du carbone ont été mis en place (Afrique du Sud, Chine, Indonésie) ou sont à l'étude (Pakistan, Philippines, Thaïlande) (Global Energy Monitor, 2022[44]).

[19] La surtaxe énergie durable et la taxe énergétique s'appliquent également à la consommation d'électricité. Cependant, elles sont alors assises sur la consommation en kWh et ne sont pas modulées en fonction du type de produit énergétique ou de sa teneur en carbone. Elles ne sont pas considérées comme des instruments de tarification du carbone.

3 Fiscalité et subvention de la consommation d'énergie

L'objet de ce chapitre est de donner un aperçu des types de taxes et subventions énergétiques en place dans les 71 pays étudiés et de fournir une estimation de leur effet net sur les finances publiques. Y sont ensuite comparés les valeurs du taux effectif net de l'énergie (TEE net) des différents usages énergétiques, qu'ils concernent les énergies fossiles ou les sources non émettrices de CO_2, telles que l'hydraulique, l'éolienne et la solaire. Le TEE net correspond à la somme des droits d'accise sur les combustibles et carburants, ainsi que sur l'électricité, des taxes carbone et des prix des permis négociables d'émissions de CO_2 liées à la consommation d'énergie, après déduction des subventions aux énergies fossiles et à l'électricité qui abaissent les prix énergétiques hors taxes. En l'occurrence, il est notamment utilisé pour vérifier si les énergies fossiles sont effectivement davantage taxées que les autres sources d'énergies ainsi qu'à comparer les taux effectifs d'imposition du diesel et de l'essence.

Les taxes et les subventions énergétiques sont très répandues et ne concernent pas que les énergies fossiles

La quasi-totalité des pays examinés dans ce rapport prélèvent des taxes énergétiques (à savoir, des droits d'accise sur les combustibles et carburants ou sur la consommation d'électricité). Ces taxes engendrent des recettes publiques et augmentent les prix de l'énergie, réduisant ainsi la consommation d'énergie et les effets secondaires négatifs y afférents. Néanmoins, elles sont souvent mal alignées sur les coûts environnementaux de la consommation d'énergie.

Les droits d'accise sur les combustibles et carburants sont les taxes énergétiques les plus courantes, mais parfois la consommation d'électricité est aussi taxée. Les droits d'accise sur les combustibles et carburants, même lorsqu'ils ne sont pas explicitement liés à un prix du carbone, s'apparentent à des taxes carbone, étant donné que le montant à payer augmente proportionnellement à la consommation d'énergies fossiles. Toutefois, ils ne s'appliquent habituellement qu'à certains types de produits énergétiques (par exemple, l'essence à usage routier ou certains combustibles de chauffage). En outre, les produits énergétiques n'étant pas systématiquement taxés en fonction de leur contenu carbone, les taux d'imposition ne donnent pas un prix du carbone représentatif de l'ensemble de l'économie (voir aussi le chapitre 2).

Les droits d'accise sur l'électricité s'appliquent, non pas aux sources d'énergies utilisées pour la produire, mais à certaines formes de consommation d'électricité, raison pour laquelle ils sont parfois nommés « taxe d'aval ». Les taxes sur l'électricité sont souvent indiquées par kWh de consommation d'électricité (chapitre 1) et ne sont généralement pas différenciées en fonction des sources de production de l'électricité. Il n'est donc pas rare qu'elles renchérissent l'électricité, y compris celle produite à partir de sources propres. C'est la raison pour laquelle elles ne sont pas prises en compte dans le taux effectif du carbone dont il est question au chapitre 2 (OCDE, 2019[1]).

Plusieurs pays qui taxent la consommation d'énergie en subventionnent également certaines formes, ce qui pèse sur les finances publiques et encourage des usages énergétiques souvent préjudiciables à l'environnement. En effet, sur le marché intérieur, les subventions aux énergies fossiles, telles que définies au chapitre 1, rendent le prix hors taxes inférieur aux coûts d'approvisionnement et donc, favorisent leur consommation. C'est le cas, par exemple, de plusieurs combustibles liquides en Colombie et en Équateur, des combustibles de chauffage utilisés par les ménages en Grèce et en Hongrie, et du GPL au Maroc. Certains pays versent également des subventions à l'électricité qui abaissent les prix de l'électricité hors taxes (par exemple, Argentine, Burkina Faso et République dominicaine).

Les autorités pourraient recourir à des outils plus adaptés que les subventions ou l'allègement de la fiscalité énergétique pour atteindre les objectifs importants de l'action publique qui consistent à garantir l'accès à l'énergie et son coût abordable (OCDE, 2021[2]). Les subventions aux énergies fossiles et à l'électricité, de même que les baisses de taxes énergétiques ont en effet tendance à bénéficier davantage aux consommateurs les plus aisés, en particulier en valeurs absolues, et « sont généralement préjudiciables aux dimensions économique, sociale et environnementale du développement durable » (Rentschler et Bazilian, 2016[3]). La réduction du soutien aux énergies fossiles pourrait permettre de flécher les fonds publics ainsi dégagés vers des usages à plus forte valeur ajoutée, par exemple en apportant un soutien ciblé aux ménages modestes, de sorte qu'une telle réforme ne soit pas qu'une aide à court terme, mais s'intègre dans la stratégie nationale de long terme de développement durable (Rentschler et Bazilian, 2017[4]).

L'expérience de l'Égypte en matière de réforme des subventions offre un exemple récent de réussite à cet égard. Toutefois, comme expliqué au chapitre 2, les autorités d'un grand nombre de pays membres et non membres de l'OCDE ont adopté de nouvelles formes de soutien aux énergies fossiles en réaction à la récente flambée des prix de l'énergie (Van Dender et al., 2022[5]). Même dans les pays où ces formes de soutien ont été présentées comme temporaires, il pourrait s'avérer difficile de revenir en arrière après que les prix se seront stabilisés.

Toutes les formes de subvention et de réduction fiscale ne nuisent pas d'une manière égale à l'environnement et à la santé publique. Ainsi, les subventions au GPL mises en place dans un certain nombre d'économies en développement et émergentes (par exemple, Argentine, Côte d'Ivoire, Équateur, Inde, Indonésie, Kenya, Malaisie, Maroc, Panama, République dominicaine) peuvent contribuer à éviter l'utilisation de combustibles plus polluants comme le bois de feu classique, vendu sur le marché informel[1].

Dans certains cas, les subventions à la consommation d'électricité pourraient s'accompagner, à court terme, d'une augmentation de la consommation d'énergies fossiles, mais également jouer un rôle important dans l'accélération de l'électrification. L'électrification constitue une solution de décarbonation intéressante pour les transports, l'industrie et le chauffage, pour autant que le secteur de l'électricité lui-même opère sa transition vers la neutralité GES. Toutefois, les subventions à l'électricité grèvent les budgets publics et peuvent décourager l'investissement privé dans le secteur au risque de ralentir sa transformation en un secteur propre et capable de répondre aux besoins nationaux en énergies décarbonées.

Plusieurs pays en développement entendent réduire leurs subventions à l'électricité (c'est déjà le cas de la République dominicaine depuis novembre 2021, le processus devant arriver à son terme en 2026) (Superintendencia de Electricidad, 2021[6]). D'autres, comme la Malaisie, se sont attachés à mieux orienter les subventions à l'électricité au profit des ménages les plus pauvres (Ministère des Finances, Malaisie, 2018[7]).

Lorsque l'élimination progressive des subventions n'est pas possible (notamment parce qu'un soutien plus ciblé se heurte à des obstacles administratifs), une solution pourrait être de subordonner les subventions à l'électricité à des critères environnementaux (par exemple, à la mise en œuvre de recommandations issues d'un audit énergétique ou à l'investissement d'une partie de la subvention dans des projets de réduction des émissions).

Quel est l'effet net de la fiscalité et des subventions énergétiques sur les finances publiques ?

La part relative des taxes et des subventions liées à la consommation d'énergie varie d'un pays à l'autre, de même que l'effet net sur les finances publiques. Le Graphique 3.1 montre qu'en 2021, dans 61 des 71 pays examinés, les recettes fiscales étaient supérieures aux coût des subventions qui entraient dans le champ d'étude du rapport. Cela signifie que la contribution globale de ces taxes et subventions énergétiques aux finances publiques et à la mobilisation des ressources intérieures est positive. Les recettes fiscales ont été estimées à partir de l'ensemble de données relatives au taux effectif de l'énergie (TEE) net, qui relie les droits d'accise sur les carburants et l'électricité, les taxes carbone, les prix des permis d'émission négociables, ainsi que les subventions aux énergies fossiles et à l'électricité, aux composantes correspondantes de la consommation intérieure d'énergie (chapitre 1).

Après déduction des subventions aux énergies fossiles et à l'électricité, les taxes énergétiques et le produit des ventes de quotas d'émission contribuent de façon relativement plus importante aux finances publiques dans les pays de l'OCDE que dans d'autres parties du monde. Dans les 71 pays étudiés, le produit net des taxes énergétiques est de l'ordre de 1,2 % du PIB en moyenne simple, Cette part est supérieure à 3 % en Afrique du Sud, en Estonie et Grèce. La moyenne de l'OCDE est de 1,7 %, contre 1,1 % pour les pays du G20 et 0,6 % pour les pays à faible revenu et à revenu intermédiaire éligibles à l'aide publique au développement.

Le coût des subventions à la consommation d'énergie est parfois supérieur au produit des taxes énergétiques. Dans ce cas, l'effet net des taxes et subventions énergétiques représente une charge pour les finances publiques. Ce cas de figure est plus fréquemment observé dans les pays producteurs de pétrole, comme l'Égypte, l'Équateur et le Nigéria. Néanmoins, comme expliqué plus en détail au chapitre 2, des réformes ont déjà permis, dans bien des cas ces dernières années, de réduire considérablement cette forme de subvention.

Il y a tout lieu de penser que l'ampleur et la composition des recettes issues des taxes énergétiques évolueront dans les années à venir, avec l'accélération de la transition vers une économie bas carbone. Pendant cette transition, certaines des bases d'imposition existantes devraient s'éroder au fil du temps. À cet égard, le secteur routier revêt une importance particulière, puisqu'il constitue une source importante de recettes tirées des droits d'accise sur les carburants (OCDE/FIT, 2019[8]). L'essor des véhicules électriques et le recours à d'autres solutions de mobilité devrait aussi progressivement réduire l'assiette de calcul des droits d'accise sur les carburants. Il apparaît donc nécessaire d'anticiper cette évolution et de concevoir en amont des politiques qui en tiennent compte (van Dender, 2019[9]).

Graphique 3.1. Estimations du produit net des taxes énergétiques, 2021

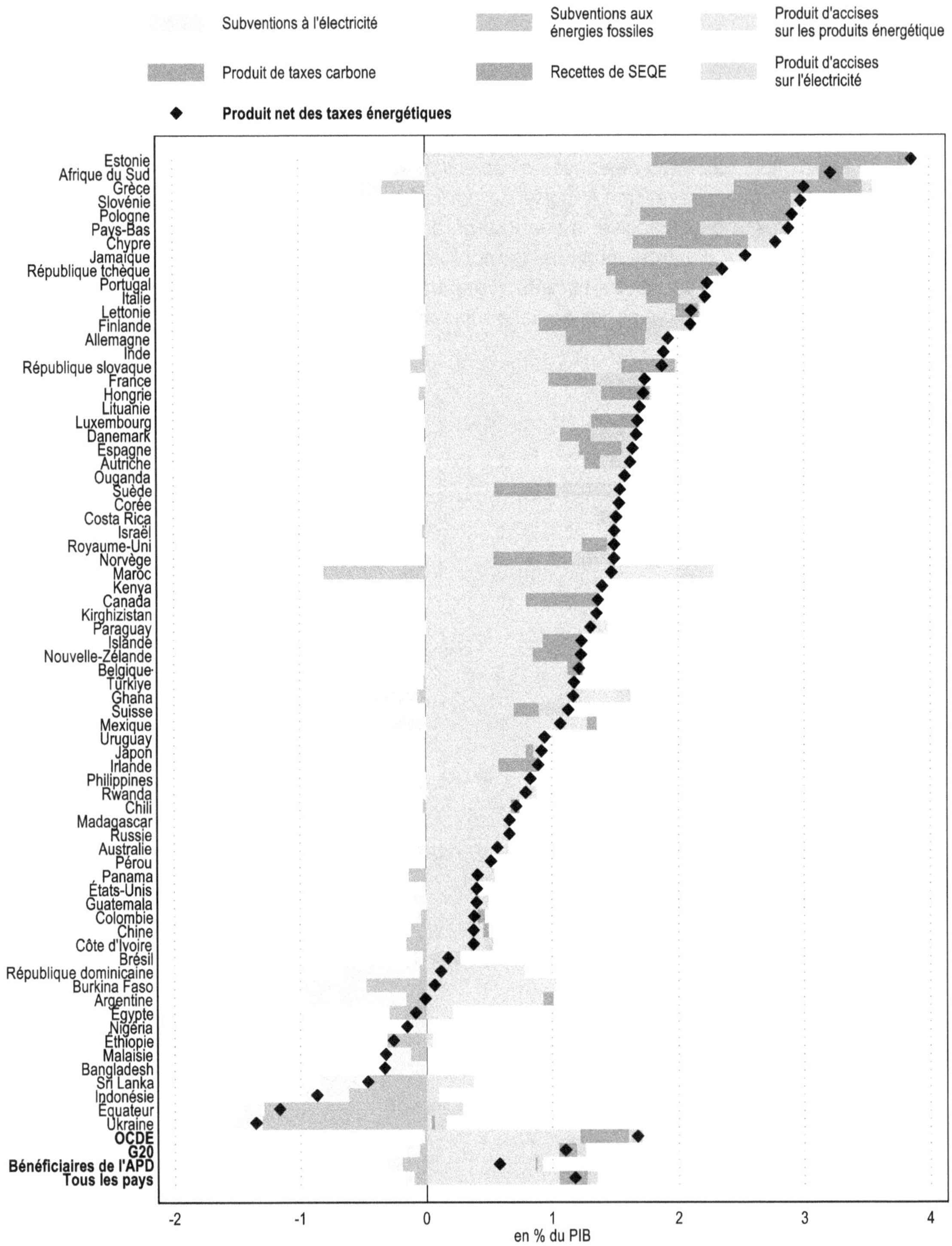

Note : le produit net des taxes énergétiques correspond à une estimation ascendante de la somme du produit des taxes diminué des subventions énergétiques et du produit de la mise aux enchères de permis d'émissions de CO_2 liées à l'énergie (calculs effectués à partir des données de l'OCDE (2021[10])). Les estimations ascendantes ne correspondent pas nécessairement aux recettes et dépenses réelles, notamment en raison des différences entre l'année de référence et la date du calcul du taux. Les estimations des subventions se rapportent à 2020 et reposent sur les données relatives aux transferts budgétaires pertinents qui sont indiquées dans l'Inventaire des mesures de soutien aux énergies fossiles ou, pour les pays qui n'y figurent pas, sur des études originales (OCDE, à paraître[11]). Les estimations qui concernent les regroupements de pays sont exprimées en moyenne simple (non pondérée). « G20 » et « Bénéficiaires de l'APD » désignent respectivement les 18 pays du G20 et les pays bénéficiaires de l'APD examinés dans le présent rapport.

StatLink https://stat.link/mvkcq8

Les taux effectifs sur l'énergie varient selon les produits, mais ceux sur des combustibles fossiles sont généralement plus élevés

Le fait de taxer plus lourdement les formes les plus polluantes de consommation d'énergie, après déduction des subventions, peut réorienter la demande vers des sources d'énergies moins polluantes. Il a déjà été exposé au chapitre 2 qu'en règle générale, les tarifs effectifs du carbone (TEC) nets sont mal alignés sur les coûts climatiques de la consommation d'énergie fossile. Néanmoins, les incitations à la réduction de la consommation d'énergie fossile pâtissent aussi du régime fiscal des énergies fossiles comparativement au traitement accordé aux autres sources d'énergie dont la consommation n'entraîne pas de rejet de GES (et qui sont en conséquence hors du champ d'application des TEC). Par exemple, l'augmentation de la charge fiscale relative qui pèse sur les énergies fossiles renforce l'argument économique en faveur de l'électrification du parc de véhicules de transport de personnes, voire la décarbonation des procédés industriels (dans le secteur de l'acier, par exemple). L'évolution des prix relatifs, au bénéfice de sources d'énergies plus propres, peut aussi contribuer à aiguiller les ressources privées et publiques vers la mise au point de nouvelles technologies propres. Le passage aux sources moins polluantes, telles que l'hydroélectrique, l'éolien et le solaire dans le cas de la production d'électricité, s'accompagne également de retombées bénéfiques non négligeables, comme la réduction de la morbidité et de la mortalité imputables à la pollution atmosphérique locale (OCDE, 2019[1]).

Les TEE les plus élevés sont ceux qui s'appliquent aux carburants routiers. Le Graphique 3.2 montre que le TEE net moyen varie fortement d'un produit énergétique à l'autre. On observe l'écart le plus important entre les carburants fossiles principalement utilisés dans les transports routiers (essence et diesel) et les autres sources d'énergie, fossiles ou non. Là où le charbon est concerné, c'est en règle générale la conséquence d'une tarification explicite du carbone dans les secteurs de l'industrie et de l'électricité. En moyenne, il est tarifié à un niveau similaire à celui du gaz naturel. Cependant, le gaz naturel est plus souvent soumis à des droits d'accise, principalement au titre du chauffage des bâtiments. Dans les deux cas, charbon et gaz naturel, il ressort du TEE net moyen des 71 pays que les droit d'accise sur l'électricité neutralisent pour ainsi dire les subventions à l'électricité (Graphique 3.2). Les subventions aux énergies fossiles sont relativement élevées dans le cas du GPL (en Égypte, en Équateur, en Inde et au Maroc), mais en moyenne, le TEE net des pays examinés dans le présent rapport reste positif, principalement du fait des droits d'accise sur les carburants.

Graphique 3.2. Taux effectifs moyens de l'énergie, par catégorie de produit, 71 pays, 2021

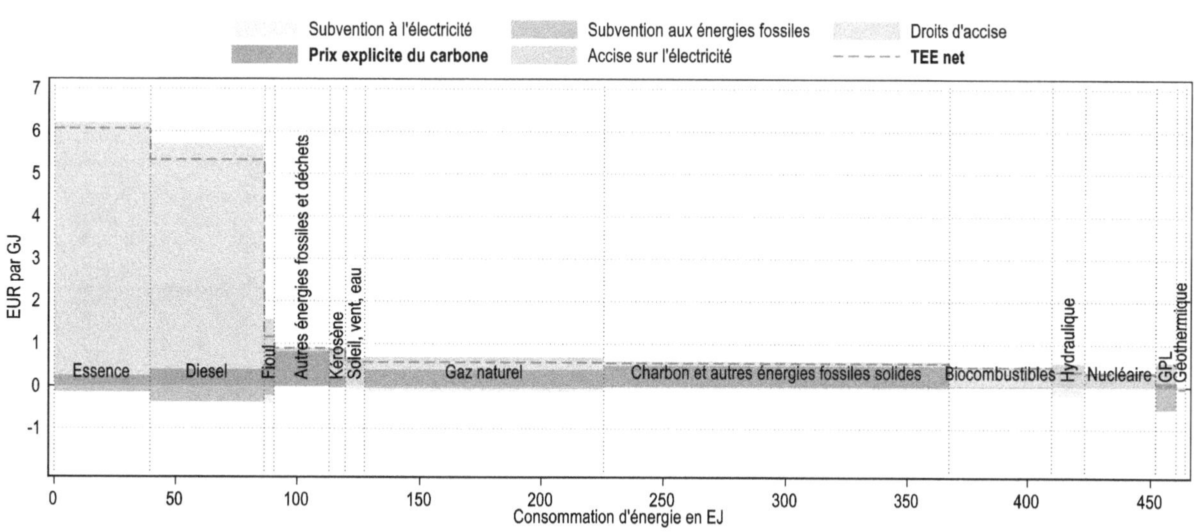

Note : les estimations des subventions se rapportent à 2020, et les données sur la consommation d'énergie à 2018 (AIE, 2020[12]).

StatLink https://stat.link/dltohc

Pour nombre de sources de substitution non fossiles, l'effet net de la fiscalité et des subventions énergétiques est réel et principalement attribuable aux taxes sur l'électricité. Les taxes sur l'électricité dominent dans le TEE net associé aux renouvelables (hors biocombustibles) et à l'énergie nucléaire. Les subventions à l'électricité concernent aussi l'électricité produite à partir de sources d'énergie renouvelables, ce qui tire vers le bas le TEE net correspondant. Toutefois, en moyenne, le TEE net reste positif, sauf dans le cas de l'énergie géothermique (qui est une source importante de production d'électricité aux Philippines, où il existe des subventions à l'électricité). Il convient de rappeler que les mesures de soutien direct à la production d'électricité renouvelable, comme les tarifs d'achat, ne font pas partie des instruments examinés dans le présent rapport (chapitre 1).

Dans la plupart des pays, les énergies fossiles font l'objet d'un TEE net plus élevé que les autres sources d'énergie. Le Graphique 3.3 montre néanmoins que la différence entre le TEE net moyen des énergies fossiles et celui des autres sources d'énergie (à l'exception des biocombustibles), qu'on appelle « surtaxe sur les énergies fossiles », varie considérablement d'un pays à l'autre. La Suisse est le pays où le TEE net moyen des énergies fossiles et la « surtaxe sur les énergies fossiles » sont les plus élevés. Certains pays appliquent une prime sur les énergies fossiles. Dans les pays où les autres sources d'énergie sont comparativement plus fortement taxées, cela s'explique soit par les montants relativement élevés des taxes sur la consommation d'électricité (c'est le cas au Brésil), soit par les subventions aux énergies fossiles (Éthiopie), soit par une association des deux facteurs (Équateur). Les taux nets moyens et la surtaxe sur les énergies fossiles étant sensibles à la répartition de la consommation d'énergie, il convient de les interpréter avec prudence (voir aussi le chapitre 2). Les données sur le TEE net, ventilées par catégories de produit énergétique, sont disponibles sur OCDE.STAT.

Graphique 3.3. En moyenne, en 2021, les énergies fossiles sont de fait plus taxées que les autres sources d'énergies

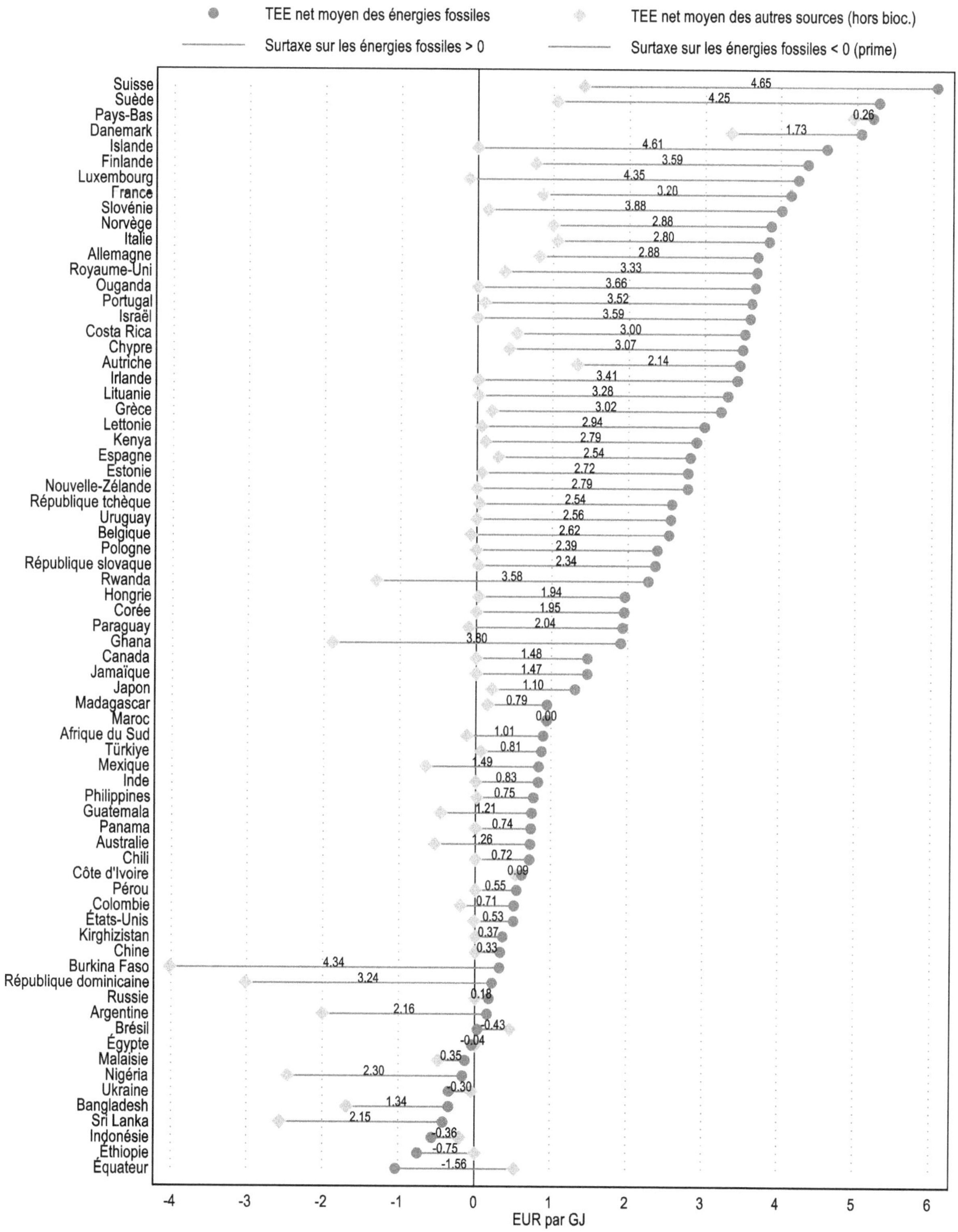

Note : les pays sont classés de bas en haut par ordre croissant de TEE net moyen des énergies fossiles. Les valeurs indiquées désignent les surtaxes appliquées aux énergies fossiles, arrondies au centime d'euro le plus proche. Les estimations des subventions se rapportent à 2020.

StatLink https://stat.link/1aolg3

La plupart des pays imposent moins le diesel que l'essence, sans que cela soit motivé par des considérations environnementales

Du point de vue environnemental, il est justifié que le diesel soit plus fortement taxé que l'essence. Du point de vue climatique, il y a lieu d'appliquer un taux effectif identique (par tonne par CO_2) au diesel et à l'essence de sorte que le diesel soit effectivement davantage taxé au litre puisque chaque litre consommé produit plus de CO_2 que l'essence. De même, le préjudice non climatique est plus important par litre de diesel que d'essence consommé, même si l'adoption de nouvelles règlementations et l'utilisation de technologies de contrôle des émissions pourraient réduire cet écart. Le préjudice non climatique inclut notamment des externalités environnementales telles que la pollution de l'air et la congestion (Harding, 2014[13]).

Toutefois, le TEE net moyen par litre est plus élevé pour le diesel routier que pour le carburant essence dans seulement 7 des 71 pays étudiés (Côte d'Ivoire, Égypte, États-Unis, Jamaïque, Malaisie, Mexique, Nigéria et Suisse)[2]. Au Bangladesh et au Royaume-Uni, le TEE net moyen par litre est le même dans les deux cas. Au Bangladesh, ces deux carburants ne sont ni taxés, ni subventionnés. L'avantage fiscal dont bénéficie le diesel dans de nombreux pays, appelé remise diesel, a peu évolué depuis 2018 (OCDE, 2019[1] ; OCDE, 2021[2]).

Graphique 3.4. Remise sur le diesel

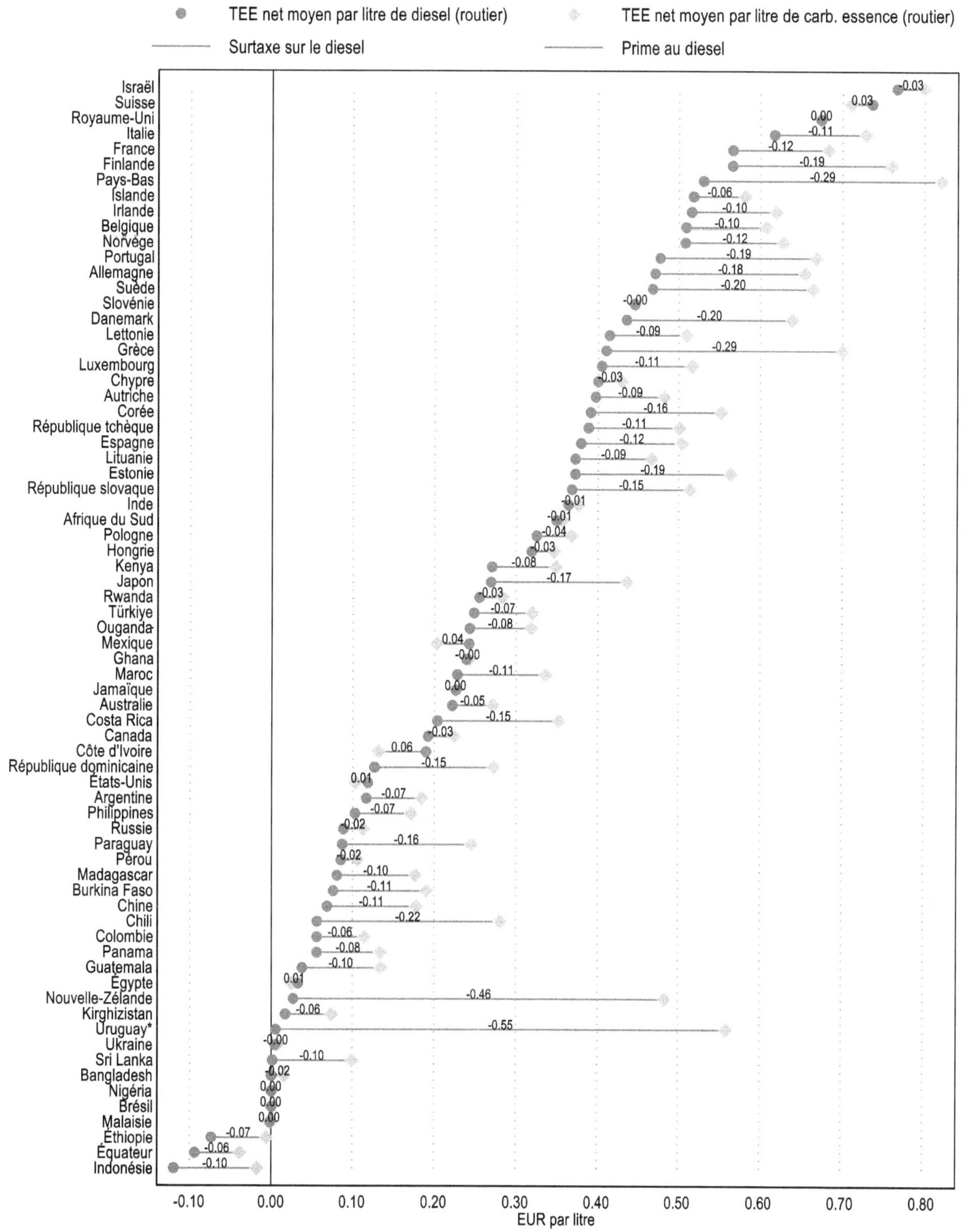

Note : les pays sont classés de bas en haut par ordre croissant de TEE net moyen du diesel. Les valeurs indiquées désignent les surtaxes appliquées au diesel. Elles sont négatives dans les pays qui ont mise en place une prime au diesel et sont arrondies au centime d'euro le plus proche. L'Uruguay est marquée d'un astérisque car le diesel utilisé dans les transports routiers est soumis à la TVA (qui n'entre pas dans le champ d'application du présent rapport), mais pas à un droit d'accise, tandis que l'essence est soumise à un droit d'accise, mais pas à la TVA. Les estimations des subventions se rapportent à 2020.

StatLink https://stat.link/a3f5bi

Références

AIE (2020), *World Energy Statistics and Balances*, https://www.iea.org/data-and-statistics/data-product/world-energy-statistics-and-balances. [12]

Harding, M. (2014), « The Diesel Differential: Differences in the Tax Treatment of Gasoline and Diesel for Road Use », *Documents de travail de l'OCDE sur la fiscalité*, n° 21, Éditions OCDE, Paris, https://doi.org/10.1787/5jz14cd7hk6b-en. [13]

Ministère des Finances, Malaisie (2018), *Budget 2019*, https://www.mof.gov.my/portal/arkib/budget/2019/bs19.pdf. [7]

OCDE (2021), *Effective Carbon Rates 2021: Pricing Carbon Emissions Through Taxes and Emissions Trading*, Éditions OCDE, Paris, https://doi.org/10.1787/0e8e24f5-en. [10]

OCDE (2021), *Taxer la consommation d'énergie au service du développement durable*, https://www.oecd.org/fr/fiscalite/politiques-fiscales/taxer-la-consommation-energie-au-service-du-developpement-durable.pdf. [2]

OCDE (2019), *Taxing Energy Use 2019: Using Taxes for Climate Action*, Éditions OCDE, Paris, https://doi.org/10.1787/058ca239-en. [1]

OCDE (à paraître), *Net Effective Carbon Rates*. [11]

OCDE/FIT (2019), *Tax Revenue Implications of Decarbonising Road Transport: Scenarios for Slovenia*, Éditions OCDE, Paris, https://doi.org/10.1787/87b39a2f-en. [8]

Rentschler, J. et M. Bazilian (2017), « Policy Monitor—Principles for Designing Effective Fossil Fuel Subsidy Reforms », *Review of Environmental Economics and Policy*, vol. vol. 11/n° 1, pp. pp. 138-155, https://doi.org/10.1093/reep/rew016. [4]

Rentschler, J. et M. Bazilian (2016), « Reforming fossil fuel subsidies: drivers, barriers and the state of progress », *Climate Policy*, vol. vol. 17/n° 7, pp. pp. 891-914, https://doi.org/10.1080/14693062.2016.1169393. [3]

Superintendencia de Electricidad (2021), *Resolución SIE 087-2021-TF*, https://sie.gob.do/wp-content/uploads/2021/09/SIE-087-2021-TF-Modif-Res-SIE-075-2021-TF.pdf. [6]

van Dender, K. (2019), « Taxing vehicles, fuels, and road use: Opportunities for improving transport tax practice », *Documents de travail de l'OCDE sur la fiscalité*, n° 44, Éditions OCDE, Paris, https://doi.org/10.1787/e7f1d771-en. [9]

Van Dender, K. et al. (2022), *Why governments should target support amidst high energy prices*, OCDE, https://www.oecd.org/ukraine-hub/policy-responses/why-governments-should-target-support-amidst-high-energy-prices-40f44f78/. [5]

Zinecker, A. et al. (2018), *Swap: Reforming support for butane gas to invest in solar in Morocco*. [14]

Notes

[1] Toutefois, le remplacement de ces subventions par un soutien direct à des énergies plus propres, telle que l'énergie solaire, pourrait accélérer la transition énergétique (Zinecker et al., 2018[14]).

[2] Pour l'Égypte et la Jamaïque, cet état de fait ne se vérifie qu'en moyenne. En Égypte, certains types d'essence ne sont pas soumis à un droit d'accise, ce qui porte le TEE net moyen de l'essence en dessous de celui du diesel. En revanche, lorsque des droits d'accise sur les carburants s'appliquent, leur montant est en général plus élevé pour l'essence que pour le diesel. En Jamaïque, la taxation est différenciée par type de carburant essence. L'un de ces types d'essence est moins taxé que le diesel, ce qui pèse dans le TEE net moyen. Au Nigéria, l'essence bénéficie de subventions et le diesel ne fait l'objet d'aucun système de tarification. En Malaisie, l'essence est davantage subventionnée que le diesel (et n'est soumise à aucune taxe énergétique ou carbone).

www.ingramcontent.com/pod-product-compliance
Lightning Source LLC
LaVergne TN
LVHW082049051026
849532LV00011B/3533